평 신 도 낭 육 교 재

Life Following Jesus

인도자용

하나님의 나라를 이루는 삶

평신도 양육교재
예수를 따르는 삶
하나님의 나라를 이루는 삶

발행일 : 초판 1쇄 인쇄 2008년 10월 24일
　　　　　개정판 1쇄 인쇄 2014년 3월 14일
발행인 : 우순태
편집인 : 유윤종
책임편집 : 강신덕
기획/편집 : 전영욱, 강영아
디자인/일러스트 : 최동호, 권미경, 오인표
홍보/마케팅 : 강형규, 박지훈
행정지원 : 조미정, 신지현

펴낸곳 : 도서출판 사랑마루
　　　　　서울시 강남구 테헤란로 64길 17(대치동)
대표전화 : TEL (02) 3459-1051~2/ FAX (02) 3459-1070
홈페이지 : http://www.eholynet.org, http://www.ibcm.kr
등록 : 2011년 1월 17일 등록번호/ 제2011-000013호
갚은 뒷표지에 있습니다. 잘못된 책은 구입하신 곳에서 교환해 드립니다.
ISBN : 978-89-7591-321-1 04230

Contents

평신도 양육교재 **예수를 따르는 삶**

- 교육과정개발 : 남은경

- 교재집필 : 강병오 박문수

- 교재개정 : 박향숙

평신도 양육교재
예수를
따르는 삶
Life Following Jesus

평신도는 단지 예배 참석자가 아닙니다. 평신도는 목회의 동역자입니다. 평신도가 예수님의 제자로 세움을 입어서 주님의 명령(마 28:18-20)대로 가르쳐 지키게 하는 사명을 감당해야 합니다. 평신도들이 사역의 주체가 될 때, 아름다운 주님의 교회가 세워지고 하나님의 나라가 확장될 것입니다.

교단창립 100주년 교육사업의 일환으로 성결교회 평신도 제자화 교육과정을 개발하고 4종류의 교재를 만들었습니다. 그것은 '새신자교재→세례교재→양육교재→사역교재' 입니다. 교회에 처음 나온 새신자도 반드시 사역자로 양성하겠다는 의지가 담겨있는 시리즈 교재입니다. 이 교재에 담겨있는 핵심 키워드는 '구원→믿음→생활→사역' 입니다.

성결교회의 모든 신자들은 하나님의 은혜로 구원받아 온전한 믿음을 가지고 삶이 변화되어 주님의 사역자로 세움을 입어야 합니다. 교회에서는 새신자들이 새신자교육과 세례교육을 언제든지 받아서 온전한 신앙을 형성할 수 있도록 도와야 합니다. 그리고 양육과 사역교재를 통하여 평신도 사역자를 키워야 합니다. 만약 신앙연수가 오래되었지만 신앙이 성숙치 못한 신자가 있다면, 양육교재와 사역교재를 통하여 건강한 사역자로 세움을 입을 수 있을 것입니다.

성결교회의 새로운 100년을 맞이하면서 목회현장에 실제적으로 도움이 될 교재가 개발된 것은 참으로 기쁘고 감사한 일입니다. 앞으로 평신도들이 주님의 몸 된 교회의 주체가 되고, 역사의 책임 있는 존재가 될 수 있도록 돕는 교재들이 지속적으로 개발될 것입니다. 아름다운 주님의 비전을 꿈꾸며 새 역사의 주인공이 됩시다.

기독교대한성결교회 총무 **우순태** 목사

일러두기

성숙한 신앙인은 세상 사람들의 눈으로 보기엔 불편하게 사는 사람일 것이다. '주님이 원하시는 삶은 어떤 것일까?' '주님은 이럴 때 어떤 결정을 내리실까?' '내가 진정한 주님의 제자라면 어떻게 행동해야 할까?' 라는 고민을 가지고 사물을 대하고 세상을 살아가기 때문이다. 하지만 궁극적으로는 세상에 대한 이러한 질문, 그리고 그 대답에 따라 불편하더라도 당당하게 살아나갈 때, 우리는 참다운 기쁨이 넘치는 삶을 살 수 있다는 것을 잘 알고 있다. 모든 성결교인들이 이러한 기쁨을 누리며 살기를 바란다. 이를 위하여 양육교재가 도움이 되기를 바라며, 몇 가지 사항을 일러두고자 한다.

첫째, 본 교재는 성인 양육을 위한 교재이다. 여기에서 성인은 법적으로, 사회적으로, 경제적으로 자립할 수 있는 사람이며, 생물학적으로 아이를 가질 수 있는 육체적으로 성숙한 사람이며, 심리학적으로 청년기를 지나고 삶의 특별한 과정을 경험한 사람이며, 교육적으로 그가 속한 사회와 문화가 마련한 어느 정도의 학교 교육을 성취한 사람이다. 또한 신앙인으로서 자신의 생애를 통하여 삶의 스타일(life style)을 형성해 가는 존재이며, 영적으로 성장 발달해 가는 존재이다.

둘째, 본 교재는 평신도를 위한 교재이다. 대부분의 내용은 일상생활에서 겪을 만한 상황이나 생각해 보아야 할 만한 주제와 내용을 담고 있다. 여기서 평신도의 의미는 단순히 교회의 구성원 중에서 평범한 사람을 의미하는 것이 아니라 교회의 대부분을 차지하는 구성원으로서 주님의 자녀이며, 제자이고, 교회를 교회되게 이끌어 가야하는 각 지체를 의미한다. 따라서 이 양육의 과정을 통하여 평신도는 더욱 성장하여 목회의 동역자로서 하나님께서 허락하신 사역의 한 부분을 감당할 수 있도록 성숙하여야 한다. 이 교재를 잘 마친다면 교회에서는 집사나 구역장 등의 역할을 맡겨도 될 정도의 훈련이 이루어질 것이다.

셋째, 본 교재 교육과정의 내용 범위는 교단의 사중복음을 서울신학대학교 성결교회신학연구회가 이 시대의 언어로 표현한 '생명', '사랑', '회복', '공의'의 신학적 설명으로 한다. 그래서 이제까지 성결교회의 교육이 개인의 영혼 구원과 개인적 삶에 있어서의 성결에 집중하였다면, 이제는 사회의 보편 가치들에 대한 복음적 시각을 갖는 데까지 교육의 목표와 장(場)을 확대하고자 한다. 그래서 생활의 모든 영역에서 구체적인 문제와 사회적, 문화적, 윤리적, 정치적, 생태적 차원까지 다루고 있다.

넷째, 이 교재는 단순히 읽기용 책이나 답을 달기 위한 성경공부 교재가 아니라 모임의 참가자들이 함께 각 주제에 따라 고민하고, 결단하고, 실천하는 워크숍 교재에 가깝다. 따라서 참가자의 답 달기와 인도자의 답 해설에 의존하는 다소 구태의연한 성경공부 교재가 아니라 함께 목적을 위하여 삶을 연습해 가는 안내서이다. 이 교재를 바탕으로 서로 격려하고, 섬김을 베풀고, 감사를 표현하는 과정을 통해 더욱 풍성한 하나님의 은혜를 누리게 될 것이다.

이러한 본 교재를 가지고 모임을 인도하게 될 인도자는 비록 목회자이거나 지도자라고 할지라도 무엇인가 지식을 가르치려고만 노력하는 것은 바람직하지 않다. 물론 이 과정을 잘 인도하기 위해서 본 교재의 각 과가 이루고자 하는 목표와 그에 따르는 내용들에 대해서는 철저하고 꼼꼼하게 준비해야겠지만 자신이 깨달은 바를 참가자들도 스스로 깨달을 수 있도록 인도해야 한다. 뿐만 아니라 인도자와 학습자간의 나눔을 통해서 서로의 은혜가 더욱 풍성해 질 수 있도록 배려해야 한다.

이 교재를 통해 자신의 영적인 성숙을 기대하는 학습자들은 단순히 성경의 지식을 더 얻겠다는 정도의 생각으로 임하거나, 성경에서 답을 찾아 빈칸을 채우는 다소 수동적인 자세만을 보이는 것은 바람직하지 않다. 자신의 경험과 생각을 함께 나누고 인도자의 답을 기다리기 전에 먼저 고민하고 성경의 의미를 깨닫기 위해 노력해야 한다. 그리고 결국에는 이러한 모든 것들이 나의 일상생활에서도 실천될 수 있도록 노력하겠다는 다짐 속에서 생활에 임해야 한다.

본 양육교재는 모두 8권, 각 권당 5과 씩, 총 40개의 주제를 다룰 것이다. 적지 않은 양이기는 하지만, 신앙인들이 교회에서나 사회에서 부딪히게 될 모든 주제들이 다 다루어 진 것은 아니다. 하지만 이 40개의 주제를 다루며 배우고, 생각하고, 느끼고, 결단하고, 실천하는 과정을 통해서 한 단계 더 성숙된 신앙인으로 나아갈 수 있는데 도움이 되리라 생각한다.

본 교재를 바탕으로 한 평신도의 양육이 성공적으로 이루어져서 모든 성도들이 교회뿐만 아니라 가정과 사회에서 주체적 존재가 되며, 성결교회의 교인으로서, 또한 그리스도의 제자로서 확고한 정체성을 갖으며, 마침내 이 땅 위에서 하나님의 뜻대로 살아가고 하나님의 나라를 이루어 내는 하나님의 사람으로 거듭나게 되기를 바란다.

8단원(공의)
하나님의 나라를 이루는 삶

단원 설명

8단원은 '하나님의 나라를 이루는 삶'을 주제로 구성되었다. 8단원의 주제인 '공의'는 기독교인이 소망해야 할 예수 그리스도의 '재림'을 통해 이루어질 하나님 나라의 가치를 현대적으로 해석한 것이다. 본 단원은 4단원과 함께 예수 그리스도의 '재림'이 무엇인가 하는 교리를 교육내용으로 다루지 않았다. 오히려 예수 그리스도의 '재림'을 믿는 신앙에 근거할 때 기독교인의 삶은 어떠해야 하는지 그 실천의 문제들을 다루었다. 이는 본 교재가 기독교인의 기독교적 삶에 목적을 두고 있기 때문이다. 예수 그리스도의 '재림'을 믿는 신앙이란 소극적 차원으로는, 예수 그리스도의 재림을 통해 이루어질 하나님 나라를 소망하는 것이고, 적극적 차원으로는, 현재의 삶 속에서 하나님 나라가 이루어질 것을 믿고 하나님 나라의 정의를 실천하는 것이다. (박종석. 『성결교회 교육의 비전과 실천』. 275)

4단원이 개인적인 차원에서 '하나님의 의를 실천하는 삶'을 살도록 하는 것에 초점을 두었다면, 8단원은 사회적인 차원에서 '하나님의 나라를 이루는 삶'을 살도록 하는 것을 목표로 하였다. 정의로운 사회는 다수가 행복한 것, 개인의 자유를 보장해주는 것만으로 이루어질 수 없다. 정의로운 사회가 구현해야 할 좋은 삶의 의미가 무엇인지 함께 고민하고 올바른 가치를 찾아가는 과정을 통해 이루어질 수 있다.(마이클 샌델. 『정의란 무엇인가』. 361-362) 그런 의미에서 기독교적으로 정의로운 사회는 하나님의 뜻이 구현되는 사회의 모습이 어떠할지를 찾고 구하는 과정을 통해 이루어질 수 있다.

각 과가 다루고 있는 '하나님의 나라를 이루는 (기독교인의) 삶'은 다음과 같다. 1과는 '세상 속의 기독교인'이다. 이 과에서는 하나님의 주권을 찬양하고 모든 일에 있어서 하나님의 영광을 돌리는 헌신적인 삶을 강조한다. 하나님께서 기독교인을 부르고 구별하신 것은 기독교인으로 하여금 하나님의 은혜를 증거하고 하나님께 영광을 돌리게 하려는 것이다. 2과는 '성숙한 공동체 세우기'이다. 성령의 능력을 힘입어 사랑의 힘을 공급받은 기독교인이라면 공동체의 일치와 공적 질서를 위해 주도적인 역할을 감당해야 한다. 성령이 성도들을 하나 되게 하시고 공적 질서 유지를 통한 사회적 통합을 가능하게 한다. 3과는 '바른 정치로 세우는 나라'이다. 바른 정치는 하나님과 그의 지혜로 가능하고 이웃 사랑과 하나님 나라의 실현을 위한 기독교인의 정치참여는 복음의 사회적 책임이며 성도들은 바른 정치를 위한 파수꾼이 되어야 한다. 4과는 '빛과 소금의 사명'이다. 세상의 빛과 소금으로서 어두움을 밝히고 부패를 방지하는 역할은 기독교인의 기본 사명이며 하나님의 말씀 앞에서 자신을 개혁하는 일이 우선되어야 한다. 5과는 '대망의 미래'이다. 재림을 기다리는 기독교인은 항상 재림의 날을 대비하며 깨어 있어야 한다. 성령의 충만함 가운데 육체의 욕심을 버리고, 날마다 죽는 자기부정과 가난하고 소외된 사람들에 대한 우선적인 나눔의 실천을 통해 하나님 나라에 합당한 삶을 훈련해야 한다. 또한 주로 인한 고난을 장차 받을 영광에 비해 족한 것으로 알고 기쁨으로 감당하며 살아야 한다.

세상 속의 기독교인

교육주제 세상의 주권자이신 하나님께 영광을 돌리자.

배울말씀 사도행전 14장 8–22절

도울말씀 고전 10:31 ; 마 6:33 ; 골 3:10 ; 고후 10:5

새길말씀 그러나 너희는 택하신 족속이요 왕 같은 제사장들이요 거룩한 나라요 그의
소유가 된 백성이니 이는 너희를 어두운 데서 불러 내어 그의 기이한 빛에
들어가게 하신 이의 아름다운 덕을 선포하게 하려 하심이라 (벧전 2:9)

이룰 목표

① 하나님만이 세상의 주권자이심을 안다.

② 하나님께서 세상에서 우리를 구별하여 부르신 목적은 하나님의 영광을 위한 것임을 깨닫는다.

③ 어떤 환경에서도 하나님의 영광을 위하여 구별되게 산다.

교육흐름표

| 40 min | 20 min | 20 min | 20 min | 20 min |
| O.T. | 관심 | 기억 | 반성 | 응답 |

교육진행표

구분	오리엔테이션	관심갖기	기억하기	반성하기	응답하기
제목		기독교인으로 산다는 것	예배의 대상이신 하나님	하나님의 영광을 위하여	세상 속으로!
내용	단원 설명, 자기 소개	고사를 지내는 한국의 사회문화 속에서 구별된 기독교인으로 살아가는 것의 의미를 생각해본다.	바울과 바나바가 이방 종교의 땅 루스드라에서 하나님을 전하다가 핍박받을 때 어떻게 대응했는지 확인한다.	기독교인은 삶의 현장 속에서 세상을 변화시키는 하나님의 영광의 도구로서 살아야 한다.	'나 주님의 기쁨되기 원하네' 찬양을 부르고 나서, 세상을 섬기는 삶을 결단하고 실천한다.
방법	강의, 발표	예화 읽고 이야기하기	성경 찾아 답하기	성경 찾아 답하기	찬양 부르고 결단하기
준비물	출석부	루스드라 사진	성경책	성경책	'나 주님의 기쁨' 악보
시간	40분	20분	20분	20분	20분

말씀 이해

1. 구원 받을 만한 믿음(행 14:8-10)

본문에 나와 있는 태어나면서부터 앉은뱅이가 된 병자는 오랫동안 자신의 환경에 억눌려 신체적으로나 정신적으로 무기력함에 빠져 있었다. 성경 저자는 이 사실을 보충설명하면서 그의 질병이 치유 불가능한 것임을 강조한다. 그렇지만 이 병자가 바울의 설교에 귀를 기울이는 것으로 묘사한다. 그것은 병 고침의 기적을 일으킬 만한 '구원 받을 만한 믿음'이었다. '구원을 받을 만한'이란 헬라어로 '쏘조'로, '건강하게 하다'라는 뜻을 포함한다. 사람이 건강을 회복하는 것은 하나님의 기적으로, 여기에는 믿음(faith)이 필수적이다. 바울은 하나님의 기적을 갈망하는 이 병자를 향해 "네 발로 바로 서라."라고 외친다. 하나님의 능력을 확신하는 바울의 외침은 병자를 향한 하나님의 역사를 일으키는 촉매이다. 그래서 이 본문은 바울의 말을 사람의 말로 받지 아니하고 하나님의 말씀으로 받아들였을 때 하나님의 능력이 나타난 예화가 되었다.

2. 기적을 보고 믿는 믿음(행 14:11-13)

하나님의 기적을 본 이방 사람들은 놀랍고 흥분이 되었다. 그들의 세계관에 따르면 앉은뱅이가 일어나 걷고 뛰는 기적은 신적인 행위에 해당한다. 그래서 그들이 보기에 바울과 바나바는 인간이 아니라 사람의 형상으로 나타난 신이었다. 이것은 헬라 신화에서 자라나 널리 퍼진 세계관(곧 인신신앙 人神信仰)이었다. 바울과 바나바를 향해서 루스드라 사람들은 '쓰스'(헬라 신화의 제우스신으로서 우두머리 신)요 '허메'(제우스의 대변자로서 언어를 지배하는 신)라고 불렀다. 그들은 바울과 바나바를 예배하기 위해서 신당 앞에 예물을 가지고 왔다. 전능하신 하나님을 예배하기보다 죄와 허물로 얼룩진 무력한 인간을 섬기는 이런 행위는 얼마나 어리석은 일인가? 여기서 보이지 않는 하나님보다 보이는 인간이나 형상들을 섬기는 인간들의 어리석음과 무지를 보게 된다.

3. 세상의 구원자이신 하나님(행 14:14-18)

루스드라 사람들의 어리석음과 무지에 대해 바울과 바나바는 옷을 찢고 무리 가운데 뛰어 들어가 자신들은 인간의 성정을 가진 한 명의 사람에 불과함을 보여주었다. 제우스신에게 제사하는 행위와 사람을 신으로 알고 경배하는 행위는 헛된 일이다. 바울과 바나바는 루스드라 사람들에게 전혀 다른 새로운 세계관을 제시해 주었다. 바울은 하나님께서 복음 이전의 세대에는 '자기의 길'(세계관이나 종교)들로 다니게 하셨으나 그것들은 '복음'은 아니라고 강조했다. 또한, 창조주이신 하나님은 자연의 질서를 통하여 모든 사람들의 마음을 만족케 하신 분이시라고 말했다. 즉 하늘에서 비를 내리시고 결실하게 하시는 선한 일을 행하심으로 사람들에게 음식과 기쁨을 주셨던 분이 곧 유일하신 하나님이라고 강조했다. 즉 진정한 예배의 대상은 하나님 외에 다른 이가 없음을 주장했던 것이다.

4. 복음을 위한 고난(행 14:19-22)

이방 사람들의 동요를 잠잠하게 만든 바울과 바나바. 이제는 동족인 유대인들의 핍박을 만나야 했다. 안디옥과 이고니온에서 온 유대인들이 돌로 바울을 쳤고 바울이 죽은 줄 알고 성 밖에 버렸다. 그러나 바울은 제자들이 보는 가운데 일어나서 다시 성으로 들어갔다. 그리고 다음날 바나바와 함께 더베로 가서 복음을 전하여 많은 사람들이 예수를 믿게 되는 큰 역사를 이루었다. 바울은 다시 제자들이 기다리던 마을로 돌아가 그들을 안심시키고 "마음을 굳게 하여 믿음에 거하라." "하나님 나라에 들어가려면 많은 환란을 겪어야 할 것이다."라는 말을 남기고 선교여행을 끝낸다. 우리의 복음전도에는 많은 핍박과 환란이 기다린다. 그래서 바울은 "내가 달려갈 길과 주 예수께 받은 사명 곧 하나님의 은혜의 복음을 증언하는 일을 마치려 함에는 나의 생명조차 조금도 귀한 것으로 여기지 아니하노라(행 20:24)."라고 고백하였다.

루스드라, 디모데의 고향

· 루스드라(Lystra)(사진 자료) : '루스드라'는 '양의 무리'라는 뜻을 가진 소아시아의 주요 도시이다. 디모데의 고향인 루스드라는 32km 떨어진 이고니온과 96km 떨어진 더베를 연결하는 도로에 위치하였다. 그 위치를 정확히는 알 수 없지만, 1885년 '스테렛'(J.R.Sterrett)이라고 하는 지리학자는 루스드라의 위치를 루가오니아 지역의 이고니온에서 약 29km 떨어진 터키의 마을 '하툰사라이'(Hatum Sarai : 숙녀의 저택) 북쪽, 커다란 언덕으로 보았다. 요즘 터키 현지의 하툰사라이 지역에서는 2km 정도 떨어진 곳에 교회 터가 남아 있는 마을을 루스드라로 보고 있다. 어떤 학자들은 더베에서 루스드라가 90km 이상 떨어져 있기에 이고니온 남쪽에 교회가 있는 지역인 마덴세히르(Madenshir)라고 주장하기도 한다.

· 루가오니아(Lycaonia) : 루가오니아란 '양의 가슴'이란 뜻이다. 이 지역은 산이 험하고, 전쟁을 좋아하는 성품이 사나운 사람들의 고을로, 지역의 경계가 분명하지 않다. 바울은 위험을 무릅쓰고 핍박 중에 루스드라와 더베와 그 근방에 교회를 세웠다(행14:6). 바울의 1차 선교여행 중 첫 번째 방문을 하였고 바나바를 동반했다. 말씀에 대한 반응이 좋았다. 2차 선교여행 중 바울은 실라와 함께 이 지역을 다시 방문하였다. 루스드라에서 디모데를 만나서 그를 동행케 하였으며 이 지역의 기독교인들에게 도움을 주었다(행 16:1-5). 바울은 3차 선교여행 중에 또 다시 이 지역을 경유하면서 교회들을 격려하였다(행 18:23). 바울은 결국 이 지역을 1, 2, 3차 여행 때 모두 들러 많은 결실을 맺었다.

· 쓰스와 허메 : 헬라인들에게 쓰스(제우스)는 모든 신과 피조물을 통치하는 최고의 신이었다 (제우스는 헬라식 이름이고, 쥬피터는 로마식 이름이다). 허메는 연설 혹은 웅변의 신으로, 쓰스의 특별한 사자였다. 바나바는 아마 그의 외모가 닮았기 때문에 '쓰스'라고 불렸을 것이고, 바울은 그의 연설 때문에 '허메'라고 불렸을 것이다.

아래의 이야기를 읽고 주어진 질문에 답해 봅시다.

> 어느 날 시장 한복판에서 자동차 앞에 과일을 놓고 절하는 사람들을 보았습니다. 새 자동차를 샀는데 사고가 나지 않게 해 달라고 누군가에게 비는 것이었습니다. 자동차를 만들어 내고 그것을 운전할 줄 아는 존재가 사람입니다. 하지만 자신의 앞날에 대해서는 너무나 자신이 없는 연약함을 그대로 드러내는 존재가 또한 인간이라는 생각이 들었습니다.
>
> 우리나라의 직장에는 시대착오적인 무속 종교의 관습이 여전히 남아 있어서 기독교인들이 때로 신앙적 갈등을 겪습니다. 기독교인들은 "고사 행위가 과연 문화냐, 종교냐?"라는 문제 앞에서 분명한 태도를 취해야 합니다. 다니엘의 세 친구들이 취했던 단호함으로 다른 사람들이 절하는 시간에 하나님께 기도해야 합니다. 한 신문사의 간부로 일하던 어떤 분은 고사를 지내는 시간에 숙직실에 가서 기도를 했다고 합니다. 절을 해야 할 순번이 되어 사람들이 모두 그분을 찾았는데 한 직원이 숙직실에서 기도하고 있다고 말하자 분위기가 썰렁해졌다고 합니다. 그러나 그 신문사의 사장은 화끈한 신앙을 가진 이분을 높이 보고 더 중요한 자리에 앉혔다고 합니다. 이런 용기가 우리에게도 필요합니다. 우리는 세상 속에서 구별된 기독교인으로 일하는 사람들이기 때문입니다.
>
> 방선기 목사 『일터에서 나누는 말씀』 중에서.

1. 위 이야기 중 자동차의 안전운행을 위해 고사를 드리는 사람의 행위에 대해서 어떻게 생각하십니까? 혹시 가정이나 직장에서 이와 비슷한 일로 인해 곤란을 겪은 적은 없습니까?

자유롭게 이야기 하도록 한다. 아마 다음의 네 가지 입장으로 정리할 수 있을 것이다.

① 그것은 전통적인 관습이며 단지 심리적인 안정을 위한 일에 불과하므로 신앙과
　는 아무런 갈등을 느끼지 않는다.

② 그것은 무속적인 신앙(샤머니즘)이며 일종의 미신행위라고 생각한다. 따라서 기
　독교인이라면 하지도 말고 참여해서도 안 된다.

③ 가정이나 회사의 분위기를 위해 죄책감이 있지만 참여했다.

④ 이런 일에는 관심을 두고 싶지 않다. 참 기독교인이라면 ②번의 태도가 당연히
　가장 바람직한 모습일 것이다.

우리나라에서는 신라와 고구려 시대에 특별한 왕에게만 제사를 지냈다는 기록이
있다. 그러나 삼국시대, 고려시대를 걸쳐서 불교가 성행하게 되어 조상제사는 시
행되지 않았다. 우리나라가 절에 가서 조상들에게 제사를 지내는 것은 무속과 불
교가 섞여서 후대에 생겨난 특이한 현상이다. 그러다가 고려 말에 정몽주, 이색과
같은 사람들이 중국의 성리학을 받아들이면서 그 영향을 받았다. 이들은 사당을
지어 자기 조상들 중에 뛰어난 인물이 있을 때 제사를 지냈다.
그 후 조선이 건국되고 이태조가 국교를 유교로 바꾸면서 주희가 강조한 조상제사
를 장려하기 시작했다. 세종 때에는 집집마다 사당이 있고 방 앞에 신주가 있어 거
기에 절을 했다고 한다. 그런데 성종 때에는 이 열기가 식어 김호라는 사람이 상소
를 올려 신주를 경시하는 사람들을 조사하여 처벌해 달라고까지 하였다고 한다. 조
상제사를 장려한 이유는 교육적인 목적 때문이었는데 제사를 지내야 덕이 길러진
고 생각했기 때문이다. 이런 점에서 볼 때 조상제사는 우리의 전통적인 문화양식
이라기 보다는 고려 말기에 유교의 영향으로 굳어진 관습이라고 할 수 있다. 그런
데 이런 조상제사 행위가 기독교 신앙에 문제가 되는 것은 조상에 대한 추모의 개
념이 아니라 조상의 영혼을 살아있는 후손들의 생사화복을 주장하는 신적 존재요
예배의 대상으로 여기고 있다는 점 때문이다. 기독교는 하나님 외에 다른 신이나
형상을 섬기는 일을 우상숭배로 여긴다.

2. 그렇다면, 세상에서 구별된 기독교인으로서 산다는 것은 어떻게 사는 것이라고 생각하십니까?

세상과 구별되어서 세상을 하나님의 뜻에 합당한 곳으로 변화시키며 사는 것

세상에 대한 기독교인들의 태도는 다음과 같다. 첫째는 동화(Adaption to the World)이다. 어떤 사람들은 세상에 너무 가까이 다가간다. 그래서 세상에 동화되어 버린다. 세상 사람들이 사는 모습과 그리 다르지 않은 생활태도로 살아간다. 세상 사람들이 바라는 것 그대로 바라고, 세상 사람들이 가는 길을 그대로 걸어간다. 이런 사람들은 이름만 기독교인이지 사실상 기독교인이라고 말할 수 없는 명목상의 기독교인이다.

둘째는 대적(Against to the World)이다. 어떤 사람들은 세상에서 도피하여 멀리 떨어지려고 한다. 심한 경우 등을 지고 담을 쌓는다. 세상을 적대시한다. 철저하게 세상의 것을 배척한다. 그러다 보니 세상에서 해야 할 일도 도외시하게 된다. 이런 사람들은 사명을 잃어버린 기독교인들이다.

셋째는 변화(Transforming of the World)이다. 어떤 사람들은 세상 속으로 들어간다. 그렇다고 세상에 동화되지는 않는다. 오히려 세상을 변화시켜 간다. 그 사람을 만나는 사람들이 변화된다. 그 사람의 발 길이 닿는 곳에 변화가 일어난다. 이런 사람들이 진정한 기독교인이다. 예를 들면, 구약성경 다니엘서 6장에서 다니엘과 그의 세 친구들은 사자굴에 갇혀서도 하나님만을 경외하고 다른 것에는 결코 절하지 않음으로 우상숭배의 죄를 범하지 않았다. 결국 하나님은 그를 사자로부터 지켜주시고 왕의 신임을 회복하고 인정받는 정치인이 되게 하셨다.

배울말씀인 사도행전 14장 8-22절을 읽고 주어진 질문에 답해 봅시다.

1. 루스드라 지방에 살던 태어나면서부터 앉은뱅이 된 병자는 어떤 마음을 갖고 있었습니까? (행 14:8-10)

하나님의 구원을 받을 만한 믿음이 있었다. 곧 하나님의 은혜를 바라는 마음이 있었다.

이 병자는 오랫동안 치유 불가능한 운명적인 질병으로 인해 고통을 받아왔다. 그러나 그에게는 하나님의 기적에 대한 믿음이 있었다. 그것은 그가 바울의 설교를 통해 선포되는 하나님의 말씀에 귀를 기울이는 행위에서 볼 수 있다. 하나님의 치유 기적은 절망 중에 있는 병든 자의 희망, 곧 하나님에 대한 믿음에서 시작된다. 바울은 병든 자에게 "네 발로 바로 일어서라"는 선포를 통해 하나님의 기적을 믿고 행동할 것을 촉구했다. 하나님의 기적은 믿음과 행함이 동반해야 한다.

2. 루스드라 사람들은 앉은뱅이가 일어나 걷고 뛰는 것을 보고 놀라워했습니다. 이와 같은 초자연적인 사건을 목격한 그들은 무엇을 원했습니까? (행 14:11-13)

그들은 바울과 바나바의 치유행위를 신적인 행위로 생각하고 그들을 신으로 예배하기를 원했다.

당시 루스드라 지역은 다신종교와 미신행위로 복잡한 도시였다. 그들은 인신신앙(人神信仰)을 받아들여 믿고 있었던 것이다. 그러나 성경은 분명 창조주보다 피조물을 높이고 숭배하는 것을 죄로 여긴다(출 20:3-4; 롬 1:25). 더구나 예수님은 보

지 못하고도 믿는 것이 더 복된 것이라고 말씀하셨다(요 20:29). 오직 창조주 하나
님만이 초월적이고 절대자이신 홀로 예배를 받으실 분이시다(시 148:13). 그의 피
조물인 사람은 창조주 하나님 앞에서(Coram Deo) 그의 주권과 사랑에 감사하며
찬미를 돌려야만 한다.

3. 그렇다면, 바울과 바나바는 루스드라 사람들에게 어떤 내용의 복음을 증거했
   습니까? (행 14:14-18)

   하나님이 세상을 만드시고 주관하시며 사람들을 만족하게 하시는 분이심을 선포
   했다.

   바울이 전한 내용을 구체적으로 살펴보면 다음과 같다. ① 복음 이전의 지나간 세
   대에 모든 족속으로 자기의 길들을 다니게 묵인하신 분, ② 인류를 위해 자연의
   질서 곧, 하늘에서 비를 내리시고 결실기를 주시는 선하신 분, ③ 사람에게 음식
   과 기쁨을 주셔서 사람의 마음을 만족하게 하시는 분, ④ 여호와 하나님이 유일
   하신 하나님이심. 따라서 하나님 외에는 예배 받으실 분이 없음을 강조했다.

4. 이방인들의 사도로서 하나님과 구원의 복음을 증거하던 바울과 바나바에게
   어떤 어려움이 찾아왔습니까? 또 이에 대해 그들은 어떻게 대응했습니까?
   (행 14:19-22)

   동족인 유대인들에게 예수의 복음을 전한 일로 핍박을 받아 돌에 맞아 거의 죽게 되
   었다. 그러나 바울은 복음을 전하는 일로 많은 고난을 받아야 하지만, 결국은 하나
   님 나라에 들어감을 얻는다고 강조한다.

   바울은 하늘나라에서의 상급이 있음을 강조한다. 우리도 주 예수께 받은 사명, 곧
   하나님의 은혜의 복음을 증거하는 일에는 생명을 아끼지 않고, 그리스도가 받은

고난을 받아들이는 자세로 세상에 복음을 담대히 증거하며 그리스도처럼 세상을 섬겨야 할 것이다.

평신도 양육교재
반성하기

하나님의 영광을 위하여

주어진 성경말씀을 찾아 아래의 질문들에 답해 봅시다.

1. 세상에서 하나님을 믿지 않는 사람들에게 기독교인이라는 이유로 손해를 본 경우가 있습니까? 왜 이런 상황이 생긴다고 성경은 가르쳐 주고 있나요? (요 15:18-20)

각자의 경험을 나누어 본 후 성경의 말씀을 찾아 확인해 본다.

〈요 15:18-20〉
세상이 너희를 미워하면 너희보다 먼저 나를 미워한 줄을 알라 너희가 세상에 속하였으면 세상이 자기의 것을 사랑할 것이나 너희는 세상에 속한 자가 아니요 도리어 내가 너희를 세상에서 택하였기 때문에 세상이 너희를 미워하느니라

기독교인은 세상에 있어야 하지만 세상에 예속되거나 세상을 의지해서는 안 되고 다른 사람들과 똑같이 행동해서도 안 된다. 성공주의, 황금만능주의, 기술만능주의 시대에 끝없는 인간의 욕심을 극복하고, 서로 있는 것들을 나누며 하나님이 주신 자연과 친화하며 그 속에서 조화롭고 아름다운 삶을 살아가야 한다. 곧 세상에서 구별된 삶을 살아야 한다. 기독교인들은 세상을 변화시키는 책임을 회피하거나 세상을 떠나 버리거나 세상과 단절된 삶을 살 수 없다. 세상에 대립하거나 세상을 도피하는 것이 아니라 하나님께서 사랑하시고 예수님께서 회복시킨 세상이

있음을 인정하고 세상을 피하지 않고 적극적으로 세상에 깊이 들어가 세상을 변화시키는 기독교인이 되어야 한다. 기독교인은 세상 속에 있어야 한다. 그러나 세상과 구별된 거룩한 자들로 존재할 수 있어야 한다. 세상에 오염되지 않은 온전하고 순결한 공동체가 필요하다. 또한 세상 속에 깊이 들어가 세상과 부대끼며 세상을 변화시키기 위해 치열하게 싸우는 것도 필요하다. 이런 싸움을 통해 세상에서 조금씩 하나님 나라가 확장되는 것이다.

2. 하나님은 우리가 삶의 현장에서 어떤 일을 하고 어떤 모습을 나타내는 사람이 되기를 원하실까요? 아래에 주어진 성경말씀을 읽고 정리해 봅시다.
(벧전 2:9; 엡 1:4; 딛 2:14-15; 빌 1:20)

(벧전 2:9)
너희는 택하신 족속이요 왕 같은 제사장들이요 거룩한 나라요 그의 소유가 된 백성이니 이는 너희를 어두운 데서 불러내어 그의 기이한 빛에 들어가게 하신 이의 아름다운 덕을 선포하게 하려 하심이라

(엡 1:4)
곧 창세 전에 그리스도 안에서 우리를 택하사 우리로 사랑 안에서 그 앞에 거룩하고 흠이 없게 하시려고

(딛 2:14-15)
복스러운 소망과 우리의 크신 하나님 구주 예수 그리스도의 영광이 나타나심을 기다리게 하셨으니 그가 우리를 대신하여 자신을 주심은 모든 불법에서 우리를 속량하시고 우리를 깨끗하게 하사 선한 일을 열심히 하는 자기 백성이 되게 하려 하심이라

(빌 1:20)
나의 간절한 기대와 소망을 따라 아무 일에든지 부끄러워하지 아니하고 지금도 전과 같이 온전히 담대하여 살든지 죽든지 내 몸에서 그리스도가 존귀하게 되게 하려 하나니

하나님의 덕을 세우는 사람, 거룩하고 흠이 없는 사람, 선한 일을 열심히 하는 자기의 백성, 삶을 통해 그리스도의 존귀함을 드러내는 사람

세상 속의 기독교인은 세상을 변혁시키는 사명을 감당하는 하나님의 사명자로 사는 사람이다.

① 기독교인은 하나님께서 알곡과 가라지를 분리하여 세상에서 부르시기 전까지는 세상 속에 살아야 한다. 세상의 폐쇄된 조직 속에 사는 것이 아니라 세상 사람들과 함께 살아야 한다. 세상에 살지만 예수 그리스도와 교제를 하며 살아야 한다.

② 다른 사람과는 다른 구별된 삶을 살아야 한다. 세상 속에서 기독교인은 선행에 힘쓰고 종교나 사회활동에 열중하는 정도가 아니라 예수님께서 세상의 표징이 되라고 명령하신 임무를 수행해야 한다. 기독교인의 임무는 잘못된 세상을 변화시키는 것이다.

③ 하나님이 만드신 세상을 보존하는 사명을 감당해야 한다. 우리는 주님의 뜻과 세상의 뜻 사이의 접촉점에 서서 세상을 구원하시는 주님의 사역을 감당해야 한다. 세상은 세상의 방법을 통하여 혁명을 이루어야 한다고 주장하지만 이런 세상 속에서 기독교인은 하나님의 방법으로 하나님이 원하시는 세상으로 바꾸는 사명을 받았다.

④ 기독교인은 어떤 삶의 자리에서 살아가든지 그 삶의 목표는 복음을 전파하고 예수의 죽음과 부활을 통한 구원의 좋은 소식을 모든 사람들이 들을 수 있게 하는 것이다.

현대인들에게 행복이 목적이 되면서부터 진정한 하나님 나라의 회복이 퇴색되어 가고 있다. 기독교인은 자신이 목적이 아니라 하나님의 수단이 되어야 한다. 하나님의 영광을 위한 도구가 되어야 한다. 이 세대를 본받지 말고 하나님의 뜻을 분별해야 한다. 심령을 새롭게 해야 하고, 지성이 변하며 삶이 변해야 한다. 성령의 역사를 통하여 변화가 일어나야 한다.

응답하기

세상 속으로!

1. "나 주님의 기쁨 되기 원하네"를 함께 찬양합시다.

(악보 자료)

2. 한 주간 동안 세상을 섬길 수 있는 활동을 찾아서 적고 이를 실천해 봅시다.

독거 노인들을 위해 반찬봉사하기

1주에 1회 이상, 정기적으로 교회주변에 사는 도움을 필요로 하는 가정을 찾아가 봉사한다. 특히 말벗봉사 혹은 소년소녀 가장을 위한 대모 되어주기, 외국인 노동자나 새터민들의 도우미 되어 주기 등의 행사를 실시한다. 이것을 위해 각 지역의 자원봉사 네트워킹을 활용할 수 있다. 개인적으로, 혹은 단체로 실천하도록 하자.

새길말씀 외우기

그러나 너희는 택하신 족속이요 왕 같은 제사장들이요 거룩한 나라요 그의 소유가 된 백성이니 이는 너희를 어두운 데서 불러 내어 그의 기이한 빛에 들어가게 하신 이의 아름다운 덕을 선포하게 하려 하심이라 (벧전 2:9)

결단의 기도

만유의 주인이신 주 하나님! 우리를 부르셔서 의롭고 거룩한 백성으로 만드시니 감사합니다. 이 땅에서 하나님의 창조 목적을 회복하고 인류의 구원을 완성하시려고 우리가 선한 일에 힘쓰는 자녀가 되게 하심을 찬양하며 감사드립니다. 세상에서 살아갈 때 현실에 만족하고 안주하는 안일한 생각을 버리게 하옵소서. 세상의 헛된 것을 섬기는 우상숭배의 죄를 범하지 않고 오직 세상의 주인이신 하나님만을 예배하며 살아가는 거룩한 마음과 삶을 소유하는 주의 일꾼 되게 하옵소서! 예수 그리스도의 이름으로 기도합니다. 아멘.

평가항목	세부사항	그렇다	그저 그렇다	아니다
인도자의 준비도	인도자는 본 과의 교육목적을 이룰 수 있도록 충분하게 준비했습니까?			
교육목표의 성취도	1. 학습자들이 세상에서 구별되게 살아 하나님께 영광을 돌리는 것이 기독교인의 삶의 목적임을 깨달았습니까? 2. 학습자들이 세상 속에서 구별된 삶을 살기로 결단하고 실천하기를 다짐하였습니까?			
학습자의 참여도	학습자들이 진지하고 적극적인 태도로 성경공부에 임했습니까?			
성경공부의 분위기	성경공부를 진행하는 동안 분위기가 자연스럽고 편안했습니까?			
기타 보완할 점	기타 보완할 점이나 건의사항이 있습니까?			

MEMO

2

성숙한 공동체 세우기

교육주제 성숙한 공동체를 세우는 성숙한 기독교인이 되자.

배울말씀 에베소서 4장 1-16절

도울말씀 행 2:43-47

새길말씀 오직 사랑 안에서 참된 것을 하여 범사에 그에게까지 자랄지라 그는 머리니
곧 그리스도라 그에게서 온 몸이 각 마디를 통하여 도움을 받음으로 연결되고
결합되어 각 지체의 분량대로 역사하여 그 몸을 자라게 하며 사랑 안에서
스스로 세우느니라 (엡 4:15-16)

이룰 목표

① 모든 공동체에는 질서와 협력이 필요하다는 것을 안다.

② 성령의 은사와 열매는 교회의 일치를 가져오며 공동체 의식을 강화시키는 것임을 깨닫는다.

③ 기독교인으로서 사회의 공공질서를 확립하는 데 주도적인 역할을 담당한다.

교육흐름표

20 min	20 min	40 min	40 min
관심	기억	반성	응답

교육진행표

구분	관심갖기	기억하기	반성하기	응답하기
제목	은혜 받았다면	성숙한 기독교인, 성숙한 공동체	나의 공동체 의식	성숙한 공동체 의식 갖기
내용	기도원에서 나오는 기독교인들이 버스를 타면서 질서를 지키지 않는 예화를 읽고, 기독교인의 공공시민으로서의 삶의 태도를 고민해본다.	성숙한 신앙을 가진 기독교인이라면 교회 공동체와 사회공동체 속에서 자체의식을 가지고 서로 협력해야 한다.	한국인의 행동양태와 질서의식 질문에 답하면서 자신의 공공의식을 확인하고, 기독교인으로서 국가, 가정, 사회에서 자신의 질서의식을 돌아본다.	자료를 읽으며 자기중심적인 사고를 극복하고, 사회공동체를 변화시킬 수 있는 모범적인 기독교인이 되기로 결단한다.
방법	예화 읽고 이야기하기	성경 찾아 답하기	성경 읽고 답하기	자료 읽고 결단하기
준비물		성경책	성경책 질서의식 차트	
시간	20분	20분	40분	40분

말씀 이해

1. 부르심에 합당한 생활(엡 4:1-6)

그리스도 안에서 성도로 부르심을 입은 우리는 그 부르심에 합당한 덕목과 신앙을 유지해야 한다.

부르심을 입은 성도의 합당한 덕목은 첫째로 겸손과 온유이다(2절). 겸손은 자신의 부족과 무가치함을 깨닫고 자신보다 남을 낮게 여기는 태도이고(빌 2:3), 온유는 이해심이 깊고 정중함을 의미한다. 겸손과 온유는 그리스도의 성품이며(고후 10:1), 성령의 열매이다(갈 5:22-23). 이 덕목은 어느 한편으로 치우치지 않고 자신의 마음과 본능적 욕구를 자제할 수 있는 도덕적 능력이다(약 3:3-8).

둘째는 오래 참음과 사랑 가운데 서로 용납함이다(2절). 오래 참음은 죄인을 향한 하나님의 성품을 말하고(롬 2:4, 9:22, 벧전 3:20), 사랑 안에서 서로 용납함은 오래 참음이 확대된 미덕이다. 역시 다른 사람에 대해 가져야 할 성령의 열매이다(고전 13:4; 갈 5:22; 골 3:12). 기독교인들이 다른 사람을 용서하고 받아들일 수 있는 것은 성령에 의해 공급된 사랑 때문이다(롬 5:5). 이와 같이 성령은 기독교인들로 하여금 평안의 매는 줄로 하나가 되게 하신다(3절). 성도는 이와 같은 일치를 힘써 지켜야 한다. 따라서 교회의 질서는 성령께서 기독교인에게 부여하신 도덕적 능력(성품의 변화)에 의존한다.

2. 교회의 일치와 성숙(엡 4:7-12)

교회의 질서는 성도 개개인의 영적 자질들을 통해서도 성취된다. 하나님은 각기 성도들에게 다양한 은사를 주셔서, 그것을 통해 한 몸을 이루는 지체들인 성도들의 조화를 강화하고 촉진시킬 뿐 아니라 교회의 일치를 충만한 상태로 지속시킨다. 영적 은사들은 그리스도께서 성령을 통해 나누어주신다. 그리스도께서 자기 백성들에게 은사를 주시고 또한 성도들에게 여러 직분들을 주셨다. 그것은 직임을 위한 은사들로서 사도, 선지자, 복음 전하는 자, 그리고 목사와 교사의 직분이다. 교회는 한 가지 은사만으로 존재할 수 없다. 각각 하나님께로부터 받은 은사들을 활용하여 서로 협력하는 가운데 한 몸을 이루는 영적 유기체가 되어 질서를 확립하는 것이다. 이와 같이 다양한 직분의 은사를 주신 이유는 성도를 온전하게 만들고 봉사의 직무를 감당하게 하며 결과적으로 그리스도의 몸을 세우기 위함이다.

바울은 교회 안에 다양한 직분을 세우신 목적을 세 가지로 설명하고 있다. 첫째로, 성도를 온전하게 하려는 것이다. 이 용어는 어긋난 골절을 교정할 때, 찢어진 그물을 수리할 때, 혹은 범죄자를 바로잡을 때 사용되었다. 즉 복음선포로 성도들을 온전하게 회복시키고 훈련시키는 것을 말한다(고전 1:10; 살전 3:10). 둘째로, 봉사를 하게 하려는 것이다. 교회의 구성원들이 각자의 직분이나 기능을 충실하게 감당해서 교회의 하나됨을 이루도록 돕는 것이다(벧전 2:4, 5). 셋째로 그리스도의 몸을 세우려 하심이다. 즉 그리스도께서 은사를 주신 궁극적인 목적은 성도 각자의 특별한 직분을 사용하여 교회를 성장시키고 온 성도들을 영적으로 회복시키고 성장하도록 만들려는 것이다.

3. 성숙의 목표(엡 4:13-16)

교회의 일치와 질서는 성도들의 영적 성숙에 기초한다. 그것은 성도들이 하나님의 아들을 믿는 것과 아는 일에 일치를 이룰 때에야 가능하다. '믿는 것'이란 믿음의 내용을 의미하고, '아는 것'이란 그리스도가 중심이 된 구원의 사실을 인식하는 것을 말한다. 성도는 하나님의 아들을 믿는 것과 아는 일이 일치될 때 온전한 성도가 된다. 성도의 목표는 그리스도의 장성한 분량에까지 이르러 온전하게 되는 것이다. 그것은 그리스도의 속성과 능력으로 더욱 더 채워져 가는 영적 성장을 의미한다. 따라서 성도는 영적으로 미숙아가 되어 사람의 궤술과 간사한 유혹에 빠지거나 일이나 다른 교훈의 풍조에 떠밀려 요동하는 일이 있어서는 안 된다. 성숙한 성도는 오직 사랑 안에서 참된 것, 즉 진리를 말해야 한다. 사랑 안에서 온 몸의 각 지체가 서로 연결하고 긴밀히 연합하여 결속되어야 한다. 각 지체로서의 다양성은 그리스도의 몸 된 교회를 성숙하게 만든다. 각 지체는 몸 전체를 위해서 하나님의 부르심을 위해 독특한 역할을 수행해야 한다. 이와 같이 성도와 교회의 성숙은 이웃 사랑이라는 공동체적 사명에 의해서 사회 안에서의 일치와 질서를 위한 중요한 밑거름이 된다.

용어, 지명 해설

· 사도 : 하나님에 의해서 보냄을 받은 자로, 교회를 설립하고 교회를 섬기는 자이다. 이들은 예수님의 열두 제자 외에 바울과 바나바(행 14:14), 실라(살전 2:6) 등을 의미하는데 이들은 부활하신 예수님을 목격하고 부활하신 주를 증거하였다(행 14:4, 14; 고전 15:5; 갈 1:19).

· 선지자 : 하나님의 계시를 중재하고, 죄를 깨닫게 하며,(고전 14:24) 교회를 훈계하기도 하였다(행 15:32). 이들은 극심한 박해(迫害)와 직권 오용, 그리고 정경의 등장으로 인해 후에 교회에서 사라졌다(행 13:1; 고전 12:28, Foulkes, Lincoln).

· 복음 전하는 자 : 선교의 차원에서 복음을 선포하는 자로 빌립(행 8:4-7), 디모데(딤후 4:5), 에바브라 등이 이에 해당된다.

· 목사와 교사 : 혹자는 두 직분 사이에 관사가 하나밖에 없다는 이유로 같은 직분이라고 주장한다(Barth). 그러나 직분상 그 기능이 어느 정도는 중복된다 할지라도 동일한 사람으로 볼 수 없다. 관사가 하나밖에 없는 것은 두 직분이 지역 교회에서 서로 밀접한 관계를 갖고 있었기 때문이다(Lincoln). 따라서 '목사'는 교회를 양육하고 돌보며 인도하는 자이고, '교사'는 사도적 교훈을 보존하고 전달하는 자라고 볼 수 있다.

아래의 이야기를 읽고 주어진 질문에 답해 봅시다.

> 한 무리의 기독교인들이 유명한 금식기도원에 올라와 열심히 한 주간 기도를 했습니다. 집회 중에 통성으로 기도하고 개인적으로는 기도굴에 들어가 기도하여 큰 은혜를 받았습니다. 정말 은혜를 받았는지 서로 대화를 하는데 그들의 모습이 참 평화롭고 아름다워 보였습니다. 마치 천국이 따로 없는 것 같았습니다.
>
> 집회가 끝나자 그 기독교인들이 모두 집으로 돌아가고 있었습니다. 개인 승용차를 타고 온 사람들도 있었지만 대부분의 사람들은 버스 정류소에 일렬로 줄을 서기 시작했습니다. 그런데 놀라운 광경이 벌어졌습니다. 조금 전까지 서로 은혜롭게 대화하며 줄서기를 양보하던 그들이 귀가버스가 도착하자 일순간에 줄이 무너지면서 서로 먼저 타기 위해 버스 앞 출입문으로 달려들기 시작했습니다. 그냥 자기 자리에 서서 머뭇거리며 멋쩍어 하는 몇 사람 외에는 모두가 먼저 올라타려고 아우성이었습니다. 너무도 실망스러운 모습이었습니다. 이 장면을 어떻게 설명할 수 있을까요? 한국교회 기독교인들은 은혜를 받으면 질서를 지키지 않아도 된다고 생각하는지 염려되었습니다.

1. 위의 이야기를 읽고 당신은 어떤 생각이 듭니까?

우리들의 신앙의 이중성에 대해 생각하게 된다.

위 이야기는 교회 안에서의 생활과 사회에서의 생활이 불일치하는 모습을 잘 보여주고 있다. 열심히 기도하고 봉사하는 신자들이 교회 안에서는 질서를 지키고 다른 사람들을 배려하지만, 세상에 나가면 세상 사람들과 다르지 않거나 본보기가 되지 못하는 생활을 여전히 하고 있는 것이다. 진정한 기독교인이라면 은혜를 간

절히 추구할 뿐만 아니라 공공질서를 지키는 일에도 모범적이어야 한다. 오히려 사회질서가 바르게 정착되는 일에 앞장서야 한다. 왜냐하면 하나님이 주시는 은혜는 공공질서(order)를 지킬 수 있는 도덕적인 힘이 된다고 믿기 때문이다.

2. 혹시 위 이야기처럼 공공질서를 지키지 않았던 적이 있습니까? 어떤 상황이었나요? 자신의 경험을 함께 나누어 봅시다.

각자의 경험들을 나누어 보자.

우리는 흔히 다음과 같은 모습으로 공공질서를 어기곤 한다. ① 차를 타고 가다가 창밖으로 휴지를 던지거나 침을 뱉은 행위를 한다. ② 교차로 병목지점에서 새치기, 끼어들기를 한 적이 있다. ③ 공공 장소에서 핸드폰으로 통화를 할 때 큰소리로 남을 의식하지 않고 대화를 한 적이 있다. ④ 야외예배를 드리거나 노방 전도를 할 때 확성기를 크게 틀어 다른 사람에게 소음피해를 입힌 적이 있다. ⑤ 아름다운 자연과 숲을 있는 그대로 두지 않고 교회 건축물이나 행사를 위해 파괴한 적이 있다.

함께읽기

현대사회의 공공질서의 부재 혹은 공공도덕의 부재는 '공동체의 붕괴'와 '이기주의의 확산'으로 인한 것이다. 전통적으로 사람들은 '우리'라는 표현을 사용하여 '공동체 의식'을 강조했지만 오늘의 사회는 '나' 중심이 되는 개인주의 사회로 변했다. 명절이나 휴가철이면 고속도로는 아수라장을 방불케 하고 버스 전용차로나 갓길을 내달리는 승용차들을 쉽게 목격한다. 목욕탕에서 아이들이 냉탕에서 다이빙을 하고 물장구를 치는가 하면 전철 안에서 다른 사람들에게 피해를 주든 말든 아이들이 이리 뛰고 저리 뛰어 다니는데 부모들이 아무런 제재를 가하지 않는다. 아이들의 기를 살려야 한다는 왜곡된 부모들의 이기적인 교육태도가 문제이다. 이렇게 현대사회는 공동체 의식의 부재와 이기주의의 확산에 따른 개인주의 문화가 큰 문제가 되고 있다.

배울말씀인 에베소서 4장 1-16절과 주어진 성경말씀을 읽고 주어진 질문에 답해 봅시다.

1. 교회 안에서 성도간의 '하나됨'을 유지하기 위해서 어떤 태도를 가져야 할까요? (엡 4:1-6)

  그리스도께서 각 성도에게 주신 부르심에 합당하게 행하고, 겸손과 온유로 하며, 오래 참음으로 사랑 가운데 서로 용납하고, 평안의 매는 줄로 성령의 하나되게 하심을 지켜야 한다. 무엇보다도 이러한 교회 안의 일치와 질서를 추구하는 행위는 성령의 역사로 가능한 일이다.

2. 각 개인에게 다양한 직임의 은사들을 주신 목적은 무엇일까요? (엡 4:7-12)

  성도를 온전하게 하여 봉사의 일을 하게 하며 그리스도의 몸을 세우려고

  성도로 하여금 하나님을 아는 것과 믿는 것에 대해 온전하게 만들고, 맡은 일을 온전히 봉사하게 만들고, 결과적으로 그리스도의 몸을 세우게 하려는 것이다. 따라서 그리스도의 사랑을 힘입어 참된 복음을 선포하고 지체인 성도들과 긴밀하게 결속하는 가운데 질서를 유지하고 서로 협력하여 교회가 성장하게 해야 한다.

3. 기독교인이 추구해야 하는 신앙의 목표가 무엇이라고 생각합니까? (엡 4:13-16)

  예수 그리스도의 인격과 정신을 닮아가는 것이다.

예수님은 사람이 법에 종속되기 보다는 법이 사람을 위해 존재해야 한다고 말씀하신다. 안식일에 손 마른 사람을 고친 후 사람들이 예수님을 송사했을 때, 예수님은 "사람이 양보다 얼마나 더 귀하냐?"라고 반문하신다. 모든 규범과 질서가 곧 사람을 위해 존재해야 한다는 것을 강조하신 것이다. 사람을 위해 존재하는 법은 사랑을 원리로 해야 한다. 율법사가 율법 중에 어느 계명이 크냐고 물었을 때, 예수님은 "하나님을 사랑하고 이웃을 사랑하라."는 말로 답하셨다. '사랑'은 모든 율법을 포괄하는 것으로, 율법의 완성이다. 사랑이 있는 곳에 질서가 세워지며, 규제가 아닌 자율 속에서 성숙한 사회를 이루어낼 수 있다.

4. 왜 기독교인은 교회와 사회 공동체 안에서 질서를 지키고 서로 협력해야 할까요? 로마서 12장 3-8절의 말씀을 바탕으로 생각해 봅시다.

하나님께서는 우리의 공동체를 지체처럼 창조하셨다. 이 지체 같은 공동체에는 질서가 필요하다. 그리고 질서를 위해 각기 다른 역할을 맡겨주셨다. 각자에게 맡겨진 역할대로 공동체 안에서의 질서와 역할을 존중하고 서로 도와가며 공동체를 세워나가는 것이 하나님의 뜻이다. 이는 단지 교회뿐만 아니라 모든 공동체에도 마찬가지로 적용된다.

하나님께서는 질서 있는 세상을 창조하셨다. 모든 만물을 질서 있게 창조하셨으며 또한 온 우주가 질서 있게 움직이도록 하셨다. 하나님은 창조주요 통치자로서 모든 피조계에 질서를 세우시는 분이다. 하나님은 여섯째 날 마지막에 창조하신 인류를 모든 피조물을 다스리는 자로 세우신다(창 1:28). 인류는 모든 피조물보다 존귀한 존재로서, 피조계를 하나님의 뜻 안에서 다스리며 관리할 위치를 부여받았다. 아담(인류)이 자연을 다스릴 수 있는 것은 하나님의 형상대로 지음 받았기 때문이다.
사람과 자연과의 질서를 세우신 하나님은 곧이어 아담과 하와 사이에 질서를 세우신다. 아담의 홀로 있음이 좋지 못함을 보신 하나님은 아담을 위하여 돕는 배필을 지으셨다. 아담을 돕는 자로 하와를 창조하심은, 가정 안에서 남편과 아내와의 질서가 어떠해야 하는지를 말씀하신다. 즉 남편은 아내의 머리이고, 아내는 남편의 돕는 자로서 가정의 질서를 유지해야 한다. 한편 가정 안에서 부모는 자녀를 주의 말씀으로 훈계해야 할 임무가 있고, 자녀는 부모를 순종함으로써 가정의 질서를 유지해야 한다.

하나님은 십계명의 제 5계명부터 제 10계명을 통하여 하나님의 백성들이 사회 속에서 지켜야 할 기본적인 질서를 세우셨다. 앞에서 언급한 부모를 공경하는 것이 가장 근본적이며 우선적인 계명이다. 살인하지 말라, 간음하지 말라, 도적질하지 말라, 이웃에 대해 거짓증거하지 말라, 이웃의 집을 탐내지 말라는 다섯 가지 계명 역시 모두 타인과의 관계에서 기본적으로 지켜져야 할 규범이며 질서이다. 오늘날의 모든 법과 규범들은 그 종류가 다양하며 많은 내용을 가지고 있지만 결국 십계명의 범주 안에 있다고 할 수 있다. 하나님은 여섯 가지 계명을 통해 인류사회의 질서를 세우신 것이다.

하나님의 통치가 임하는 모든 영역(교회와 세속사회)은 질서 있게 움직여져야 한다. 그러므로 그리스도의 몸 된 교회의 하나됨을 이루어 세상을 변화시킬 힘을 양성하여야 한다. 다시 말하면 교회가 사회질서를 바로 세우는 데 모범적으로 참여하며 '거룩한 공동체'로서 사회의 이상이 되어야 한다.

평신도 양육교재

반성하기
나의 공동체 의식

1. 다음은 한국인들의 행동양태 및 질서의식에 대한 자료입니다. 나의 의식 수준은 어느 정도나 될까요? 스스로 점검한 후, 서로 이야기를 나누어 봅시다.

한국인의 행동양태와 질서의식	그렇다	모르겠다	그렇지않다
1) 우리 집 쓰레기는 분류를 하지 않고 버린다.			
2) 다른 사람과 이야기할 때 내 주장을 앞세운다.			
3) 다른 사람과 대화할 때 다른 사람을 신경쓰지 않는다.			
4) 술자리는 시끄러워야 하고 3, 4차는 보통이다.			
5) 항상 빨리빨리를 외치는 조급증이 있다.			
6) 교통법규를 잘 지키지 않고, 교통사고 시 무조건 소리를 높인다.			

(차트 자료)

각자 스스로의 생각을 정리해 보고 서로 이야기를 나누어 본다.

위에 언급된 한국인들의 행동양태와 질서의식을 살펴보면 일반적으로 한국인은 다음과 같은 태도를 가지고 있음을 알 수 있다. 첫째는 타인에 대해 무책임한 면이 있다. 한국인들이 동일집단을 이루는 끈을 정이라고 할 때, 반대로 정이 없는 타인에게는 질서, 배려, 도덕적 책임이 약한 편이다. 그러나 서양인들은 타인에게도 도덕적 책임을 비교적 강하게 느낀다. 둘째로 개인 이기주의가 심화되어 있다. 오늘의 한국인들은 콩 한 조각이라도 나누어 먹던 공동체 의식을 잃어버리고 나만 생각하는 개인적인 사고에 젖어있다. 문을 출입할 때 뒷사람을 배려하여 문을 붙잡아 주는 친절을 찾아보는 것이 쉽지 않다. 셋째로 일반적인 상태에서는 감정표현에 있어서 소극적이다. 한국인들은 감정을 억제하고 집단 내부의 눈치를 살피곤 한다. 하지만 음주 등의 외적 수단을 통해서는 자기 내면의 심리적 고통을 심하게 표출한다. 넷째로 가문이나 서열의식에 깊이 영향을 받는 경향이 있다. 한국인의 서열의식은 일종의 콤플렉스에서 나오는 상향적 평등의식으로 볼 수 있다. 대체로 자신의 처지에 만족하지 못한다.

2. 기독교인은 어떤 자세로 질서를 지키고 협동정신을 가져야 할까요? 고린도전서 14장 40절을 찾아 적고 확인해 봅시다.

> 〈고전 14:40〉
> 모든 것을 품위 있게 하고 질서 있게 하라

모든 기독교인들은 비기독교인들과 달리 법과 질서를 준수하는 모범을 보여야 한다.

어느 기관에서 1천 명의 남녀에게 설문조사를 했다. 93.5%가 법을 지켜야 한다고 응답했는데, 72.2%가 법을 지켜 손해를 본 경우가 많다고 응답했다. 법은 지킬수록 손해라는 생각이 자리잡고 있는 듯하다. 하나님은 질서의 하나님이시다. 그래서 혼란과 혼동을 제거하시기를 원하신다. 질서는 하나님 나라에서 없어서는 안 될 소중한 덕목이다. 하나님께서 창조하신 우주와 계명들 그 어느 것 하나 규모 있고 질서 정연하지 않은 것이 없다. 마찬가지로 하나님의 교회에도 질서가 있다. 교회는 그리스도의 몸이다. 그리고 성도들은 몸의 각 지체이다. 그러므로 성도들은 몸인 교회를 통해서 전해지는 그리스도의 지시를 잘 받아서 행할 책임이 있다. 온 성도가 그리스도의 지시에 온전히 순종할 때, 또한 모든 일을 기독교인답게 품위 있고 적절하게 처리할 때 교회의 덕이 세워질 것이다.

3. 나는 교회와 사회 공동체 속에서 질서의식과 협동정신을 가지고 생활하는 모범적인 시민이며 기독교인일까요? 각 영역에서 어떤 자세로 질서를 존중하는 것이 성경적이라고 생각합니까? 주어진 성경을 참고하여 이야기해 봅시다.

① 국가 질서 (롬 13:1–4)

> 1 각 사람은 위에 있는 권세들에게 복종하라 권세는 하나님으로부터 나지 않음이
>   없나니 모든 권세는 다 하나님께서 정하신 바라
> 2 그러므로 권세를 거스르는 자는 하나님의 명을 거스름이니 거스르는 자들은 심
>   판을 자취하리라
> 3 다스리는 자들은 선한 일에 대하여 두려움이 되지 않고 악한 일에 대하여 되나
>   니 네가 권세를 두려워하지 아니하려느냐 선을 행하라 그리하면 그에게 칭찬을
>   받으리라
> 4 그는 하나님의 사역자가 되어 네게 선을 베푸는 자니라 그러나 네가 악을 행하
>   거든 두려워하라 그가 공연히 칼을 가지지 아니하였으니 곧 하나님의 사역자가
>   되어 악을 행하는 자에게 진노하심을 따라 보응하는 자니라

위에 있는 권세는 하나님께로부터 나온 것이며 하나님이 정하신 대로 주어진다. 그
래서 권세를 거스리는 것은 곧 하나님을 거스리는 것이다. 우리가 선을 행하는 한
관리들은 우리의 두려움의 대상이 아니다. 오히려 그가 하나님의 사자가 되어 나
를 칭찬하고 나에게 선을 이루게 될 것이다. 그러나 악을 행하면 그가 하나님의 진
노를 대신하여 칼로 보응할 것이다.

② 경제 질서 (엡 6:5–9)

> 5 종들아 두려워하고 떨며 성실한 마음으로 육체의 상전에게 순종하기를 그리스도
>   께 하듯 하라
> 6 눈가림만 하여 사람을 기쁘게 하는 자처럼 하지 말고 그리스도의 종들처럼 마음
>   으로 하나님의 뜻을 행하고
> 7 기쁜 마음으로 섬기기를 주께 하듯 하고 사람들에게 하듯 하지 말라
> 8 이는 각 사람이 무슨 선을 행하든지 종이나 자유인이나 주께로부터 그대로 받을
>   줄을 앎이라
> 9 상전들아 너희도 그들에게 이와 같이 하고 위협을 그치라 이는 그들과 너희의 상
>   전이 하늘에 계시고 그에게는 사람을 외모로 취하는 일이 없는 줄 너희가 앎이라

육체의 상전에게 순종하기를 그리스도께 하듯이 해야 한다. 눈가림만 하여 사람을 기쁘게 하는 자처럼 하지 말고 마음으로 하나님의 뜻을 행하여 기쁘게 하는 것처럼 해야 한다. 모든 순종하는 일은 주께 하듯 하고 사람에게 하듯 불성실하게 해서는 안 된다. 선을 행하면 주인에게서 그대로 받는다. 상전들도 종들을 위협하거나 협박해서는 안 된다. 더 큰 상전은 하늘에 계시고 사람을 외모로 대하시지 않는 하나님이 계시기 때문이다.

③ 가정 질서 (엡 5:22-6:4)

22 아내들이여 자기 남편에게 복종하기를 주께 하듯 하라
23 이는 남편이 아내의 머리 됨이 그리스도께서 교회의 머리 됨과 같음이니 그가 바로 몸의 구주시니라
24 그러므로 교회가 그리스도에게 하듯 아내들도 범사에 자기 남편에게 복종할지니라
25 남편들아 아내 사랑하기를 그리스도께서 교회를 사랑하시고 그 교회를 위하여 자신을 주심 같이 하라
26 이는 곧 물로 씻어 말씀으로 깨끗하게 하사 거룩하게 하시고
27 자기 앞에 영광스러운 교회로 세우사 티나 주름 잡힌 것이나 이런 것들이 없이 거룩하고 흠이 없게 하려 하심이라
28 이와 같이 남편들도 자기 아내 사랑하기를 자기 자신과 같이 할지니 자기 아내를 사랑하는 자는 자기를 사랑하는 것이라
29 누구든지 언제나 자기 육체를 미워하지 않고 오직 양육하여 보호하기를 그리스도께서 교회에게 함과 같이 하나니
30 우리는 그 몸의 지체임이라
31 그러므로 사람이 부모를 떠나 그의 아내와 합하여 그 둘이 한 육체가 될지니
32 이 비밀이 크도다 나는 그리스도와 교회에 대하여 말하노라
33 그러나 너희도 각각 자기의 아내 사랑하기를 자신 같이 하고 아내도 자기 남편을 존경하라
1 자녀들아 주 안에서 너희 부모에게 순종하라 이것이 옳으니라
2 네 아버지와 어머니를 공경하라 이것은 약속 있는 첫 계명이니
3 이로써 네가 잘되고 땅에서 장수하리라
4 또 아비들아 너희 자녀를 노엽게 하지 말고 오직 주의 교훈과 훈계로 양육하라

아내의 의무: 남편에게 복종하기를 주께 하듯 하라. 남편은 아내의 머리가 되는데 그리스도가 교회의 머리되심과 같다.

남편의 의무: 아내 사랑하기를 그리스도께서 교회를 사랑하고 자신을 주심과 같이 해야 한다. 아내 사랑을 제 몸같이 하여야 한다. 부모의 보호에서 떠나 아내와 합하여 온전한 합일을 이루어야 한다.

자녀의 의무: 부모를 주 안에서 순종해야 한다. 부모를 공경하는 것은 약속 있는 첫 계명이며 범사에 잘 되고 땅에서 장수하는 축복이 있다.

부모의 의무: 자녀를 노엽게 하지 말고 오직 주의 교양과 훈계로 양육해야 한다.

④ 사회 질서에서 (엡 5:15-18)

> 15 그런즉 너희가 어떻게 행할지를 자세히 주의하여 지혜 없는 자 같이 하지 말고 오직 지혜 있는 자 같이 하여
> 16 세월을 아끼라 때가 악하니라
> 17 그러므로 어리석은 자가 되지 말고 오직 주의 뜻이 무엇인가 이해하라
> 18 술 취하지 말라 이는 방탕한 것이니 오직 성령으로 충만함을 받으라

행동을 어떻게 할 것인지 주의하여 지혜롭게 행해야 한다. 우리에게 주어지는 기회를 선용하여 선행을 해야 한다. 주의 뜻이 무엇인지 분별하여 주의 마음으로 행동해야 한다. 항상 '예수라면 어떻게 하실 것인가?'를 생각해야 한다. 세상의 것에 취하여 방탕하게 살지 말고 오직 성령의 충만을 받아야 한다.

성숙한 공동체 의식 갖기

아래의 내용들에 대해서 생각해 보고 느낀 점들을 서로 나누어 봅시다.

질서에 관한 입장 차이

① 차에 타고 있을 때는 늦게 가는 행인을 욕하고, 횡단보도를 건널 때는 빵 빵대는 운전사를 욕한다.

② 남이 천천히 차를 몰면 소심 운전이고, 내가 천천히 차를 몰면 안전 운전 이다.

③ 남이 신호 위반을 하는 것은 기본 법률을 무시하는 파렴치한 행위이고, 내가 신호 위반을 하는 것은 피치 못할 급한 사정이 있기 때문이다.

④ 설거지를 할 때, 남이 합성세제를 많이 쓰는 것은 환경오염에 관한 위기 의식이 없어서이고, 내가 합성세제를 많이 쓰는 것은 기름기가 많아서 어 쩔 수 없기 때문이다.

⑤ 극장에서, 남이 지정 좌석에 앉지 않는 것은 자기 자리 놓아두고 좋은 자 리 빼앗는 심술 때문이고, 내가 그러는 것은 아무데나 앉으면 그만이라 는 털털한 생각 때문이다.

⑥ 지하철에서 서 있을 때, 남은 조금만 양보해서 한 자리를 만들어 나를 앉게 해야 하고, 나는 한 사람 더 끼면 불편하니까 계속 넓게 앉아 가도 된다.

⑦ 남이 무단 횡단을 하는 것은 목숨 따윈 가볍게 여기는 경박한 행동이고, 내가 무단 횡단을 하는 것은 목숨마저 아깝지 않을 만큼 급한 일이 있어 서이다.

⑧ 공중전화에서, 남이 통화를 오래 하면 쓸데없는 수다가 긴 것이고, 내가 오래 하면 그만큼 용건이 긴요한 것이다.

⑨ 남이 산에 쓰레기를 버리면, '모든 놈이 다 저러니 어쩌냐'고 한탄하고, 내가 산에 쓰레기를 버리면, '나 하나쯤이야' 하고 생각하면 되고...

⑩ 남이 나한테 돈을 빌릴 때는 친한 사이라도 돈 거래에서는 이자 계산을

꼬박꼬박 해야 하는 것이고, 내가 남한테 돈을 빌릴 때는 친한 사이에 이자 계산하는 것은 우정 망칠 일이다.

⑪ 복잡한 버스나 지하철에서, 남이 나를 밀치는 것은 저만 편하고자 하는 이기적인 욕심 때문이고, 내가 남을 밀치는 것은 다른 사람이 밀쳐서 어쩔 수 없이 밀린 것이다.

⑫ 남이 책을 내면 나는 당연히 증정을 받아야 하고, 내가 책을 내면 남은 당연히 돈을 내고 사야 한다.

⑬ 남이 단체 생활을 싫어하는 것은 고립적인 자기 성격 탓이고, 내가 단체 생활을 싫어하는 것은 독립적인 성품 탓이다.

⑭ 주말에 가족 여행할 때, 남은 길 막히는 것을 생각해서 대중교통 수단을 이용해야 하고, 나는 그래도 자가용이 편하더라.

⑮ 남이 새치기를 하는 것은 용납할 수 없는 얌체 행위이고, 내가 새치기를 하는 것은 급하다 보면 그럴 수도 있는 것이다.

⑯ 네가 나한테서 빌려간 책은 반드시 돌려주어야 하고, 내가 너한테 빌려 온 책은…'원래 책은 한 번 빌려오면 땡이다!'

⑰ 남이 아파트에서 시끄럽게 사는 것은 공공주택에서 그러면 절대 안 되는 것이고, 내가 아파트에서 시끄럽게 사는 것은 아무리 아파트라 하더라도 내 집이니까 상관없는 일이다.

⑱ 극장에서, 남은 뒷사람을 위해 앉은키를 최소한으로 낮추어야 하고, 나는 영상을 잘 보기 위해 앉은키를 최대한으로 높여도 된다. (영화 보러 갔지 예의 지키러 갔나?)

⑲ 공중전화에서, 남은 다른 사람을 위해 간단히 통화할 의무가 있고, 나는 용건이 다할 때까지 오래 쓸 권한이 있다.

⑳ 버스 안에서 노인이 탔을 때, 남은 얼른 일어나 자리를 양보해야 하고, 나는 그냥 앉아서 눈 감고 자는 척하는 게 상책.

㉑ 공중화장실에서, 남은 뒷사람을 위해 빨리 나와 주어야 하고, 나는 누가 기다리고 있건 말건 용무를 마칠 때까지 버텨도 된다.

㉒ 내가 길을 건널 때는 모든 차가 멈추어 서야 하고, 내가 운전을 할 때는 모든 보행자가 멈추어 서야 한다.

㉓ 남이 공공장소에서 큰소리로 얘기하는 것은 시끄러운 소음이고, 내가 공공장소에서 큰소리로 얘기하는 것은 유쾌한 대화이다.

㉔ 남이 해외여행을 하면 사치 낭비 풍조이고, 내가 해외여행을 하면 세상 견문을 넓히는 유익한 활동이다.

㉕ 남이 연장자에게 반말하는 것은 기본 예의도 모르는 것이고, 내가 연장자에게 반말하는 것은 격의 없는 친근감의 표시이다.

나는 너무도 자기중심적인 사고방식으로 살아왔던 것 같다. 모든 행위에 있어서 주관적 판단을 중시하고 타인의 행동을 정죄하고 비판하는 데 익숙한 나 자신을 발견하게 되었다.

우리는 하나님 나라를 성취하기 위해 세상을 향해서 복음을 선포하고 교회를 넘어 사회공동체를 변화시키는 주체자가 되어야 한다. 따라서 우리는 교회에서 그리스도의 몸을 이루는 지체의식을 키우고 한 몸 의식을 훈련하여 온전하고 성숙한 기독교인이 되어야 한다. 더 나아가 그리스도의 복음을 통해 하나님 나라를 완성하는 사명감 속에서 사회 공동체에게 질서의식과 협동정신을 높이는 모범을 보여주어야 한다. 이를 위해서 먼저 우리 자신의 태도를 바꾸어야 한다.

　서울대 사회발전연구소가 서울, 전북 전주, 경남 사천의 세 도시 102개 장소에서 "시민들의 일상적 행동"을 관찰 조사하였다. 그 가운데 눈길을 끄는 것 몇 가지를 소개한다.

　첫째, 12개 목욕탕에서 24시간 동안 샤워대를 사용하지 않을 때 밸브를 잠그지 않은 사람이 176명이었는데, 샤워대를 이용한 사람 394명의 44.7%였다. 1인당 물 사용량 세계 1위라는 사실을 뒷받침하는 사례이다.

　둘째, 30시간 동안 버스 정류장 주변 행인 1,841명을 관찰하였는데, 담배꽁초를 함부로 버린 사람이 154명, 즉 행인의 8.7%였다. 그런데 버스 정류장 주변에 쓰레기통이 없는 곳이 많았다. 쓰레기 종량제 실시 이후 지방자치단체에서 쓰레기통을 대폭 줄임에 따라, 행인들이 쓰레기를 버릴 마땅한 곳이 없자 가로수 밑에 담배꽁초를 버리는 사례가 다수 발견된 것이다.

　셋째, 서울 지하철 전동차 안 노약자석에 젊은이들이 앉아 있는 사례가 총 네 시간 동안 95명 관찰되었다.

　넷째, 3개 백화점에서 6시간 동안 고객들이 쇼핑카트를 사용한 후 제대로 가져다 두지 않은 사람을 관찰하였다. 고객 2,376명 중 64명인 2.7%가 쇼핑카트를 아무 데나 버려두고 백화점을 떠났다.

　이러한 현상의 원인은 두 가지 측면에서 찾을 수 있다. 첫째는 '한국인의 공공성에 대한 인식 부족'이다. 이를 타인의식(sense of otherness) 부족이라는 일종의 병리현상으로 볼 수도 있다. 예를 들면, 지하철 전동차의 벽면에 부착되어 있는 '노약자석 안내문'을 보고서도 무시해 버린다. 빈 좌석이 많은데도 불구하고 노약자 석에 아무런 거리낌 없이 착석하는 현상이 그 예이다. 또한 아이들의 무절제한 행동을 통제하지 않는 부모들이 많다는 점도 문제이다. 부모들이 자기 아이의 기를 살린다는 명분으로 타인에게 피해를 입히는 행위를 방치하고 있다.

　둘째는 '잘못된 제도(system)에 대한 한국인의 반응'이다. 예를 들어, 버스 정류장에서 줄 서기가 잘 지켜지지 않아 여러 대의 노선버스가 이리저리 정차하는 상황이 벌어진다. 그러므로 시스템을 정비하는 것이 무엇보다 시급하다.

　물론 쓰레기통이 비치되어 있지 않다고 쓰레기를 함부로 버리는 행위가 정당화될 수는 없다. 그러므로 먼저 시스템을 정비하고, 그 후에 한국인의 타인의식이 배양되어야 건전한 시민행동이 이 사회에 자리잡게 될 것이다.

오직 사랑 안에서 참된 것을 하여 범사에 그에게까지 자랄지라 그는 머리니 곧 그리스도라 그에게서 온 몸이 각 마디를 통하여 도움을 받음으로 연결되고 결합되어 각 지체의 분량대로 역사하여 그 몸을 자라게 하며 사랑 안에서 스스로 세우느니라 (엡 4:15-16)

결단의 기도 ··

세상에 질서를 창조하신 주 하나님! 죄로 인해 무질서한 세상을 구원하시려고 아들이신 예수 그리스도를 보내시고 십자가에서 죽게 하심으로써 세상과 화해를 이루신 은혜를 감사드립니다. 그리스도를 머리로 삼고 모든 지체들이 연결되어 한 몸을 이루는 신비를 깨닫게 하심도 감사드립니다. 또한 선택하셔서 구원하신 성도들에게 각각의 은사들을 베푸시고 성령으로 하나가 되게 하시는 역사를 통해 온전케 하시고 공동체의 일치와 질서를 이루게 하심도 감사드립니다. 저희들로 하여금 그리스도의 사랑 안에서 성숙하게 하시고 세상에서 질서를 지키는 모범된 성도들이 되게 하소서! 예수님의 이름으로 기도합니다. 아멘.

평가항목	세부사항	그렇다	그저 그렇다	아니다
인도자의 준비도	인도자는 본 과의 교육목적을 이룰 수 있도록 충분하게 준비했습니까?			
교육목표의 성취도	1. 학습자들이 공동체 안에서 질서를 지키지 않았던 자신의 모습을 반성하고 회개하였습니까? 2. 학습자들이 하나님의 뜻대로 공동체를 위해 하나가 되는 삶을 살기로 결단하였습니까?			
학습자의 참여도	학습자들이 진지하고 적극적인 태도로 성경공부에 임했습니까?			
성경공부의 분위기	성경공부를 진행하는 동안 분위기가 자연스럽고 편안했습니까?			
기타 보완할 점	기타 보완할 점이나 건의사항이 있습니까?			

바른 정치를 실현하는 나라

교육주제 바른 정치를 실현하기 위한 파수꾼이 되어야 한다.

배울말씀 열왕기상 3장 1-14절

도울말씀 잠 28:15-16, 롬 13:1-7

새길말씀 나라는 죄가 있으면 주관자가 많아져도 명철과 지식 있는 사람으로 말미암아
장구하게 되느니라 (잠 28:2)

이룰 목표

① 정치참여가 기독교인의 사회적 책임인 것을 안다.

② 바른 정치권력의 힘은 하나님께로부터 나오는 것임을 깨닫는다.

③ 바른 정치의 실현을 위해 파수꾼의 역할을 감당한다.

교육흐름표

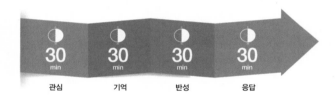

30 min	30 min	30 min	30 min
관심	기억	반성	응답

교육진행표

구분	관심갖기	기억하기	반성하기	응답하기
제목	기독교인의 사회 참여	정치와 하나님의 지혜	공법을 물 같이 정의를 하수 같이	사회정의를 실현하라
내용	독일 기독교인과 교회의 사회참여에 관한 기사를 읽고, 기독교인의 사회참여에 관한 생각을 나눈다.	솔로몬은 왕으로서 바른 정치를 하기 위해 하나님의 지혜를 구했다.	한국사회의 정의실현을 위해 기독교인으로서 어떻게 해야할지 성경 속에서 그 원리를 찾아 확인한다.	한국사회에 만연한 윤리적 부패행위를 기록한 자료를 함께 읽고 자신의 삶을 돌아보고, 정의를 실현할 수 있는 방안을 찾아 실천한다.
방법	신문기사 읽고 이야기하기	성경 찾아 답하기	성경 찾아 답하기	자료 읽고 실천하기
준비물		성경책	성경책 정치활동참여 차트	
시간	30분	30분	30분	30분

말씀 이해

1. 솔로몬의 정치적 태도(왕상 3:1)

솔로몬이 왕위에 올라(1장) 나라를 견고히 한 후(2장) 하나님께 일천 번제를 드리고 있다(3장). 본 장의 서두에서는 솔로몬의 정치적 실용주의 태도를 볼 수 있다. 솔로몬은 내부의 적을 제거하고(2장) 외국과의 동맹을 통해서 왕국을 강화하기 위해 정략결혼을 함으로써 애굽과 동맹관계를 맺었다. 다윗과 솔로몬 치하의 이스라엘이 강력한 왕국이었다는 것은 대국인 애굽 왕이 이례적으로 자신의 딸을 내어주었던 사실로도 알 수 있다. 솔로몬이 애굽 여인과 결혼한 것 자체가 율법에 위배되는 것은 아니다(출 34:16; 신 7:3). 오히려 율법은 전쟁 시에 취한 이방 여인과의 결혼을 허용한 적이 있다(신 21:13). 따라서 솔로몬의 정치적 정략결혼은 타락한 행위로 해석할 수 없으나 이방여인들을 통해 이방종교와 관습이 이스라엘에 침투한 사실은 주목해야 할 일이다. 솔로몬은 바로의 딸을 여호와의 법궤가 자리한 성막이 있는 다윗 궁에 머물게 하지 않았고, 요새화된 고대 예루살렘성인 다윗 성에 머무르게 했다. 솔로몬은 즉위 4년(BC 966년)에 성전건축을 시작하여 7년 만에 완공하였고, 즉위 11년(BC 959년)에 궁전건축을 시작하여 13년 만에 완공하였다. 결국 솔로몬이 총 20년간 건축공사를 진행함으로써 백성들이 노역에 시달렸다.

2. 솔로몬의 신앙적 태도(왕상 3:2-4)

유일한 제사의 성소인 성전이 아직 건축되지 않아서 이스라엘 백성들이 각 지역의 산당에서 제사를 드리고 있었다. 이 산당은 우상숭배 장소인 가나안 족속들의 산당과 구별되는 곳으로, 흙무덤 형태로 이스라엘 백성들이 제사하고 기도하는 장소였다. 이와 같은 산당제사는 여호와의 유일성소 명령(신 12:5-14, 18, 21, 26)을 소홀히 할 위험성과 산당을 중심으로 한 우상숭배의 위험성이 있었다. 사실 이스라엘 백성은 가나안 정복 시에 가나안 족속들의 산당을 파괴했어야 했다(민 33:52). 그렇지만 이스라엘 백성과 통치자들은 너무나 오래 산당제사에 익숙해져 있었다. 하나님은 이런 산당에서도 솔로몬에게 은혜를 베푸신다(왕하 3:4-15). 왜냐하면 솔로몬은 여호와를 사랑하고 그 부친 다윗의 법도를 행했기 때문이다. 율법의 첫째 계명은 여호와를 사랑하는 일이다(신 6:5; 30:16). 솔로몬의 번영과 업적은 이와 같이 여호와를 사랑하는 마음으로 율법에 순종했기 때문이다.

민음의 사람인 솔로몬은 기브온 산당에서 여호와께 '일천 번제'의 제사를 드렸다(대하 1:2-6). 그가 엄청난 규모의 번제를 드린 것은 이스라엘 백성들을 통치하기 전에 무엇보다도 하나님과 바른 관계를 정립하기 원했기 때문이다. 솔로몬은 신하들과 백성들의 지도자들을 모두 이끌고 기브온 산당으로 올라가 자신과 백성들이 하나님께 전적으로 헌신하는 하나의 신앙고백으로써 '일천 번제'를 드렸다. 번제는 하나님과 정상적인 관계를 정립하기 원할 때, 자신을 온전히 헌신하기 원할 때, 자발적으로 드리는 자원제이다(레 1:3). 이것은 솔로몬이 즉위 초기에 자신의 강렬한 헌신과 순종에의 열의를 보여준 것이다. 따라서 일천번제는 하나님을 이스라엘의 진정한 왕으로 믿고 모시는 솔로몬과 이스라엘 백성들의 신앙고백 행위인 것이다.

3. 솔로몬의 간구와 하나님의 응답(왕상 3:5-15)

여호와 하나님이 솔로몬의 꿈에 나타나셨다. 그리고 솔로몬에게 물으셨다. "내가 네게 무엇을 줄꼬. 너는 구하라." 하나님은 솔로몬의 일천 번제를 기쁘게 받으셨고 그에게 다가오셨다. 솔로몬은 다윗왕의 믿음과 그에게 베푸신 하나님의 큰 은혜(Hesed)를 의지하여 간구한다. 다윗 왕이 하나님의 마음에 합한(행 13:22) 이스라엘의 통치자가 된 이유가 있다. 그것은 다윗이 성실과 공의와 정직한 마음을 가지고 주와 함께(cum Deo), 주의 앞에서(coram Deo) 행했기에 하나님이 큰 은혜를 베푸셨던 것이다. 솔로몬은 겸손한 자세로 하나님 앞에 나아갔다. "종은 작은 아이라 출입할 줄을 알지 못합니다". 솔로몬은 이스라엘의 왕으로서 수많은 백성들을 통치해야 할 책임의 막중함에 비해 자신의 경험 미숙과 연약함을 절실히 느껴 이런 고백을 한 것이다. 여기에서 '출입하다'란 말은 자신의 임무를 성공적으로 수행하기 위해 활발히 활동하는 상태를 가리키는 관용적 표현이다. 통치자의 직무는 전적으로 하나님의 능력에 의존되어 있음을 말해 준다. 결국 하나님 앞에서 솔로몬은 개인의 부귀와 영화를 간구하지 않고, 주께서 선택하신 백성들을 재판하기 위해 선악을 분별하는 지혜로운 마음을 주실 것을 간구했다. 왕정시대에도 백성들의 송사에 대한 재판하는 것이 통치자들의 주요한 통치기능이었다. 솔로몬은 여호와 하나님께 '지혜로운 마음' 즉 듣는 마음 혹은 순종하는 마음을 구했다. 성경에서 지혜란 하나님의 말씀을 삼가 잘 듣고 그 말씀대로 순종하는 데서 얻는다고 말씀한다(시 119:97-99; 잠 2:6-9). 솔로몬은 하나님의 말씀대로 하나님의 백성들을 올바르게 통치하고 재판하기 위해 필요한 총명과 분별력을 구했다. 이런 솔로몬의 태도는 하나님 마음에 합당한 것이었다. 하나님은 솔로몬에게 놀라운 복들로 응답하셨다. 솔로몬과 같은 왕이 역사에 다시 나타나지 않을 것이며(12), 구하지 않은 부와 영광도 주시고, 다윗 왕과 같이 법도와 명령을 지키면 오랫동안 권세를 누리게 된다는 것이었다. 꿈을 깨고 난 솔로몬은 예루살렘으로 돌아와 감사의 표시로 번제와 수은제를 드렸다.

용어, 지명 해설

· 지혜로운(샤마) : '귀담아듣다, 청취하다.' 참 지혜는 하나님의 말씀을 잘 듣는 데서 비롯된다는 것을 의미한다.

· 총명(빈) : '알다, 깨닫다, 주의하다, 분별하다' 의 뜻으로 선악을 분별하며 깊이 생각하고 바르게 깨닫는 것이다.

· 명철(비나) : '별하다, 분별력 있다, 인지하다'의 뜻으로 사물에 대하여 명석하게 분별할 수 있는 능력이다.

· 평강(샬롬) : '건강, 번영, 평안하다'의 뜻으로 심리적 안정과 만족에서 오는 평안함과 외형적 번성을 포괄한다.

· 수은제(酬恩祭, 쉘라밈) : 감사의 표시로 드리는 화목제를 말한다(레 3:1-17; 7:11-21, 28-34).

기독교인의 사회 참여

"독일 기독교인, 빈부격차 해소·환경문제 적극 참여"

독일 개신교를 대표하는 20명의 감독 중 한 명인 개신교 지도자 마르쿠스 드뢰게 목사가 지난 2013년 7월 3일 한국을 방문하였다. 그는 한국교회의 역할에 대하여 다음과 같이 제안하였다.

"교회의 사회적 역할은 평화로운 공동체를 만드는 것입니다. 한국 교회는 남과 북의 정치적 갈등, 부자와 빈자의 사회적 갈등을 치유해 평화로운 한반도를 만들어야 합니다."

"독일 교회는 사회적으로 어떤 역할을 하고 있나?"

"베를린은 100개국 이상의 사람들이 섞여 사는 곳이다. 무슬림들도 많다. 베를린 교회는 종교 간 평화를 위해 많은 노력을 하고 있다. 베를린에는 160여개의 외국인 교회가 있다. 한국인 교회도 13개 있다. 독일 교회는 많은 외국인이 베를린에 와서 평화롭게 잘 살 수 있도록 기도한다.

독일 교회가 하는 일 가운데 빼놓을 수 없는 것은 독일 사회 내 빈부격차를 해소하는 것이다. 그 중심에 기독교단체인 디아코니가 있다. 사회봉사와 섬김의 일을 하는 곳이다. 디아코니는 현재 독일 정부 다음으로 많은 사람들에게 일자리를 주고 있다. 디아코니에서 일하는 사람들이 메르세데스 벤츠나 BMW에서 일하는 사람보다 많을 정도다."

"교회가 통일과정에서 어떤 역할을 하였나?"

"독일이 통일되기 전 동독과 서독의 교회는 서로 파트너 관계를 맺고 있었다. 동독 교회는 서독 교회를 방문하지 못했지만 서독 교회는 동독 교회를 방문할 수 있었다. 공산주의 치하에서도 동독 교회는 서독 교회와 파트너 관계 속에서 시민의식을 키워갈 수 있었다.

통일운동과 민주화 운동 당시 동독의 교인들은 시위를 나가기 전에 교회에서 예배를 드렸다. 그들이 민주화 운동을 할 수 있도록 교회가 도왔던 것이다. 동독 교회는 절대 폭력을 휘둘러선 안 된다고 강조했다. 이러한 동독 교회의 역할에 힘입어 베를린 장벽이 무너지는 과정이 평화로울 수 있었다. 장벽이 무너지고 난 다음 동독 정보기관 관계자는 "우리는 어디든 다 감시할 수 있었다. 모든 것을 다 미리 예상할 수 있었는데, 교회가 촛불을 밝히고 기도할 거라는 생각은 못했다"고 말했다고 한다. 장벽이 무너진 이후에는 이제 교회는 종교 평화를 유지하기 위해 노력하고 있다."

"독일의 종교개혁 시대, 기독교적 소명의식은 어떤 역할을 하였나?"

"독일 역사에서 종교개혁 시대를 보면 소명의식이 정말 중요했다는 걸 알 수 있다. 성스럽게 교회만 가는 것이 아니라 내가 주부로서, 내가 하나의 직업인으로서 의식을 갖고 살아가는 것이 독일 역사에서 매우 중요했다는 말이다. 이 소명의식이 확실히 독일인의 의식 속에, 성품 그리고 윤리와 도덕 속에 깊이 박혀 있는 것이 사실이다. 개신교든 가톨릭이든 상관없이 기독교인은 모두 다 사회문제에 책임을 져야 한다는 의식이 있다. 빈부격차나 환경문제 등에 책임을 져야 한다는 의식이다.

독일의 많은 기독교인들이 자원봉사자로서 일한다. 그게 18세 미만의 청소년들 사이에서도 강하다. 기독교적 가치관이 영향을 미치고 있는 것이라고 생각한다. 정치가 중에도 기독교인이 매우 많다. 앙겔라 메르켈 총리가 개신교 목사 딸이다. 요하임 가우크 독일 대통령(동독 출신)도 개신교 목사다. 동독에서 목사였던 사람들은 사회문제에 책임이 있다고 생각했기 때문에 통일 이후 정치에 많이 참여했다. 통일 이후 새로운 사회제도를 책임 있게 이끌어가고 싶었기 때문이다. 이것을 소명의식이라고 말할 수 있다."

국민일보 2013년 7월 7일자. 문동성 기자

1. 독일 개신교 교회의 사회참여에 대한 인터뷰 기사를 읽고 어떤 생각이 드는지 이야기를 나누어 봅시다.

    이야기를 나눈다.

    드뢰게 목사는 2012년 10월부터 독일 개신교 단체와 개신교 개발도상국 지원기관, 세계를 위한 빵 나눔회가 연합해 새롭게 만든 '디아코니와 개발도상국 발전회의' 회장을 맡고 있는 등 교회의 사회적 역할을 행동으로 보여주고 있다는 평가를 받고 있다.

2. 당신은 기독교인들의 사회 참여에 대해서 어떻게 생각하십니까?

    각자의 생각을 나누어 본다.

    역사를 살펴보면 한국 교회는 현실정치에 대해 비난하거나 냉담한 반응을 보였고, 정치 참여자들에 대한 비판에 집중했다. 이런 태도에는 초기 한국선교사들이 교회의 비정치화를 표명하여 정치참여를 부인해 왔던 결과라고도 할 수 있다. 그러나 기독교인들은 정치에 대한 부정적 시각을 벗어야 할 필요가 있다. 본래 인간은 하나님의 형상대로 창조되었는데 이 하나님의 형상에는 만물을 다스리시는 하나님을 본받아 부여된 정치적 능력과 본성이 포함되어 있다. 그리고 "땅을 다스리라"는 명령에는 정치적 사명이 들어있다고 볼 수 있다. 그러나 인류의 타락은 인간의 신성한 정치성의 타락을 가져왔다. 그것은 동료 인간을 지배하려는 권력에의 욕망으로 변했고, 그 결과로 타락한 정치가 인류에게 분열과 대립, 그리고 전쟁과 각종 고통을 안겨주었다. 따라서 하나님은 타락한 정치를 바른 정치로 회복시키기 위해 예수 그리스도를 보내주셨다. 이제 그리스도의 복음이 정치에 적용될 때 타락한 정치의 구속이 실현된다. 진지한 기독교인들은 복음의 능력을 제한하지 않고 정치를 비롯한 모든 분야에서 복음이 역사하도록 순종한다. 온 세상의 진정한 통치자는 창조주 하나님이시다. 하나님은 자신의 통치를 실현하시기 위해 자신의 뜻에 순종하는 기독교인들을 사용하신다. 하나님은 어디에서나 하나님의 뜻이 이루어지고 하나님의 공의와 사랑이 나타나기 바라고 계신다.

따라서 모든 기독교인들은 직업적 정치인이 아니어도 정치적 사명을 가진다. 정치영역은 교회의 영역이 아니지만 분명 하나님의 통치가 이루어지는 영역이며 기독교인들은 하나님의 통치를 정치영역에서도 실현할 의무를 가진다. 기독교인들의 정치참여는 사회의 구성원으로서 마땅히 감당해야 할 시민적 의무이자 권리이다. 더 나아가 기독교인으로서 하나님 나라의 확장을 위한 일이기도 하다. 이런 점에서 교회의 정치참여는 세속적 정치참여가 아닌 하나님의 통치를 실현하려는 정치참여가 되어야 한다. 모든 기독교인들은 적극적으로 정치에 참여하여 하나님 나라의 확장에 힘써야 한다. 그렇지만 교회는 정치에 직접 간여하지 말아야 하고 개인인 신자가 시민으로서 기독교적 정체성을 가지고 정당이나 단체를 통해서 정치에 참여하는 것이 바람직하다. 오히려 교회는 초정당적이어야 하며 국가를 향해 하나님의 메시지를 들려주는 예언자적 사명을 감당해야 한다.

교회의 정치참여는 예언자들의 행태와 예수님의 십자가에 나타난 원리와 방법에 근거해야 하며 성경의 핵심인 하나님 나라를 지향해야 한다. 그것은 우선 세 가지 원리로 요약된다.

첫째로 하나님 절대주의 원리이어야 한다. 오직 하나님의 통치만을 인정하는 정치행위이다. 그것은 하나님 이외의 그 어떤 제도, 인물, 이념을 절대화하거나 절대화를 강요하는 모든 정치권력을 부정하는 것이다. 그래서 하나님은 이스라엘이 이방인들처럼 왕정국가를 세우는 것을 거부하셨다(삼상 8장). 인간적인 모든 것은 결코 하나님 앞에서 그 가치를 주장할 수 없다. 그것은 하나님 나라의 도래와 함께 모두 소멸될 것이다. 오직 하나님의 통치와 오직 하나님만이 영광을 받아야 한다.

둘째로 이웃 사랑의 원리이어야 한다. 이것은 도덕성을 판단하는 기준이 된다. 교회의 정치참여는 자신이 속한 집단의 이익을 위한 것이 아니라 율법의 정신이자 십자가에 나타난 이웃사랑에 근거해야 한다(갈 5:13-15; 요 3:16). 교회는 언제나 죄인과 세리의 친구이며 목자 없는 양 같이 유리하는 무리들을 긍휼히 여기신 예수 그리스도의 마음으로 정치에 참여해야 한다(마 9:36). 교회가 정치적 행동을 결단할 때마다 자기 자신의 안위와 이익이 아니라 언제나 사회에서 소외된 사람들을 먼저 생각하고 그들 편에서 행동해야 한다(마 25:31-45).

셋째로 인간 구원의 원리이어야 한다. 이것은 지향해야 할 목적을 제시한다. 예수 그리스도는 인간을 온전하게 구원하시길 바라신다. 예수님은 정신적이고 신체적인 질병, 개인 이기주의, 편협한 민족주의, 사회적 비인간화, 종교적 인간 학대, 폭력적 정치구조로부터 인간을 구원하시고자 하셨다(눅 4:18-19). 복음을 선포하는 교회는 인간 구원을 우선적인 목적으로 삼아야 한다. 교회의 정치 참여는 인간 구원을 위한 한 수단이지 본업이 아니다. 즉 교회는 정치권력의 획득이나 자신의 종교적 이익을 추구하는 것이 아니라 인간구원을 위해 정치에 참여해야 한다. 이것을 전제로 하지 않는 종교의 정치참여는 언제나 인간을 노예화하는 정치적 폭력보다 더 무서운 종교적 폭력이 된다.

류장현 교수, "교회의 정치참여에 대한 고언"에서

배울말씀인 열왕기상 3장 1-14절을 읽고 주어진 질문에 답해 봅시다.

1. 솔로몬은 왜 애굽 바로의 딸과의 정략결혼을 선택했다고 생각합니까?
   (왕상 3:1-2)

   솔로몬은 인간적인 방법을 통해서 이스라엘의 정치적 안위와 안정된 통치를 확보하기 위해 노력했던 것이다.

   솔로몬은 주변의 강대국들과 정략결혼을 함으로써 국가적 안위와 자신의 통치를 지속하려고 했다. 그래서 솔로몬은 애굽 왕 바로로 더불어 인연을 맺고 그 딸을 취했다. 이것은 하나님의 보시기에 합당한 일이라고 볼 수는 없다. 정치적 안정은 인간적인 방법으로 얻는 것이 아니라 하나님의 방법으로 얻을 수 있는 것이다. 이후로도 솔로몬은 인간적인 모습들을 보였다. 열왕기상 11장 1-2절에는 바로의 딸 외에도 이방의 많은 여인들을 사랑하였다고 기록하고 있다. 솔로몬은 통치 후기에 하나님을 사랑했던 마음이 분산되기 시작했고 하나님이 주신 지혜와 총명을 바르게 사용하지 못했다. 하나님을 사랑했던 마음이 중심을 잃고 이방 여인들에게로 눈을 돌리기 시작했다. 이것은 그와 그 나라의 장래에 독초와 쑥의 뿌리(신 29:18)를 심는 일이었다. 솔로몬은 일천 명의 후처와 첩들을 두어 색을 탐하다가 하나님의 책망에도 불구하고 우상숭배에 빠져 하나님의 진노를 면할 수 없었다. 하나님의 말씀대로 자녀들의 시대에 막대한 국가재정과 강제노동 등으로 국민들 사이에 불만이 쌓여 남북으로 나라가 분열되는 비극을 맞기도 했다(왕상 11:1-13). 우리는 하나님의 은혜를 받았다고 자만하지 말아야 하며 항상 영적으로도 순결함을 유지해야 한다.

2. 솔로몬은 하나님에 대하여 어떤 태도를 가지고 있었다고 생각합니까?
   (왕상 3:3–7)

솔로몬은 처음에 하나님을 믿고 의지한 겸손한 통치자였다. 그는 자신이 통치자로
서 경험도 적고 열정을 다해 일한다고 해도 부족함이 많다고 생각하던 자기겸손의
사람이었다.

그는 부친인 다윗 왕에게 베푸신 하나님의 큰 은혜(Hesed)를 의지하여 하나님의
도우심을 구한 사람이었다. 그래서 솔로몬은 여호와 하나님께 일천 번제(a thou-
sand burnt offering)를 드렸다. 솔로몬은 신하들과 모든 백성들의 지도자들과 함
께 마음과 뜻과 정성을 다해 여호와 앞에 온전한 헌신을 다짐하는 제사를 드렸다.
사실 모세를 통하여 하나님께서 산당제사와는 다른 명령을 하신 적이 있었다. "너
는 삼가서 네게 보이는 아무 곳에서나 번제를 드리지 말고 오직 너희의 한 지파 중
에 여호와께서 택하실 그곳에서 번제를 드리고 또 내가 네게 명령하는 모든 것을
거기서 행할지니라(신 12:13–14)." 그러나 솔로몬은 하나님의 말씀과는 달리 산당
에서 제사하며 분향했다. 그럼에도 불구하고 하나님은 그의 제사를 받으셨다. 그
것은 하나님이 일천 번제라는 물량적인 제사를 기뻐하기 때문이 아니라 제사를 드
리는 자의 온전한 마음(중심)을 받으셨기 때문이다(시 40:6).

3. 솔로몬은 이스라엘 통치자로서 하나님께 무엇을 구했습니까? (왕상 3:8–10)

지혜로운 마음

솔로몬에게 있어서 우선순위는 부와 명예와 권세가 아니었다. 그의 시대는 부친
인 다윗 시대와 같이 담대함과 용맹함이 필요한 시대는 아니었다. 오히려 명철함
이 필요했는데, 그는 하나님께 지혜로운 머리가 아니라 지혜로운 마음을 구했다.
그것은 문제를 잘 해결할 수 있는 머리를 구한 것이 아니라, 공정한 재판을 하는

데 방해가 되는 뇌물이나 인맥에 굳건하게 대처할 수 있는 마음을 달라고 한 것이다. 그 단어는 히브리어 원문에서 '쉐마 레브' 즉 '듣는 마음'이다. 그의 간구를 들은 하나님께서 솔로몬에게 상대방을 이해할 수 있는 지혜로운 마음, 곧 듣는 마음을 주셨다. 상대방의 마음을 읽고, 상대방의 아픔을 들을 수 있는 마음이다. 세상에서 가장 귀한 것은 듣는 마음, 즉 지혜로운 마음이다. 다시 솔로몬의 간구를 들어보자. "지혜로운 마음을 종에게 주사 주의 백성을 재판하여 선악을 분별하게 하옵소서." 솔로몬이 구한 지혜로운 마음은 나라를 다스리는 지혜, 즉 정치적 지혜이다. 하나님은 국가를 통해서 선악을 구분하는 권한을 통치자에게 부여하신다. 그래서 통치자는 국가의 권력을 통해 선을 보호하고 악을 처벌하는 행위를 하게 된다. 이와 같은 방식으로 하나님은 국가를 통해 공의를 시행하신다.

4. 솔로몬의 기도에 하나님은 어떻게 응답하셨습니까? (왕상 3:11-15)

하나님은 기뻐하셨다. 솔로몬이 일천 번제를 드려 온전한 헌신을 하고, 자신의 개인적 이익보다 통치자로서의 지혜로운 듣는 마음을 구함으로 하나님의 공의를 세우고자 했기 때문이다.

하나님은 그가 구한 것 이상으로 좋은 것들을 부어주셨다. 솔로몬의 풍요로움은 열왕기상 10장에서 나타난다. "솔로몬 왕의 재산과 지혜가 세상의 그 어느 왕보다 큰지라. 온 세상 사람들이 다 하나님께서 솔로몬의 마음에 주신 지혜를 들으며 그의 얼굴을 보기 원하여 그들이 각기 예물을 가지고 왔으니 곧 은 그릇과 금 그릇과 의복과 갑옷과 향품과 말과 노새라 해마다 그리하였더라(왕상 10:23-25)." 솔로몬의 풍요는 하나님께 구하지 않았던 것들이었다. 솔로몬에게 주신 지혜로 인하여 부귀와 영광을 얻을 수 있었다. 하나님을 기쁘시게 하는 일을 선택하면 풍요로운 삶을 누리게 된다. 그것은 내 욕심을 채우려는 것이 아니라 주님을 기쁘시게 하는 것이기 때문이다(마 6:33).

성경에 나타난 지혜의 역할

① 시험에 들지 않게 합니다. (잠 2:16)
② 보호하고 지켜주십니다. (잠 4:6)
③ 영화롭게 합니다. (잠 3:35, 잠 4:7, 잠 4:8)
④ 생명을 보존케 합니다. (잠 15:24, 전 7:12)
⑤ 바른 길로 인도합니다. (잠 4:23, 잠 23:19)
⑥ 소망이 끊어지지 않게 합니다. (잠 24:14)
⑦ 얼굴을 밝게 해 줍니다. (잠 3:13~15, 전 8:1)
⑧ 성공하기에 유익합니다. (전 10:10)
⑨ 하나님 나라에 가까이 가게 합니다. (막 12:34)

평신도 양육교재
반성하기   공법을 물 같이 정의를 하수 같이

1. 지금 우리 나라는 정치 사회적으로 어떤 문제가 있다고 생각하십니까?

각 사람의 이야기를 들어본다.

자유롭게 이야기하지만 지나치게 과열되지 않도록 주의한다. 정치와 선거의 과열
경쟁, 우선 터트리고 보자는 무책임하고 부정직한 정치와 언론의 폭로전, 청년실
업의 문제, 대형교회들의 재정비리와 도덕적인 문제들, 각종 이단사이비 단체의
비도덕성, 사회지도층의 허위 학력 문제, 지역간의 과도한 학력 격차와 사교육 문
제, 청년실업의 지속적 증가, 성직자들의 납세문제, 사학법 문제, 정부와 언론의
싸움 등

2. 한국교회는 사회정의를 실현하기 위해 어떤 노력을 기울여야 한다고 생각합
   니까? 아모스 5장 24절의 말씀을 찾아 적고 이야기를 나누어 봅시다.

〈암 5:24〉
오직 공법을 물 같이 정의를 하수 같이 흘릴지로다

오직 공법과 정의를 실현하는 것이 하나님의 뜻이다.

이 구절의 의미는 공의로운 법이 아무런 제재나 방해를 받지 않고 자연스럽게 실
현되도록 하라는 말씀이다. 참된 예배자의 마음에 공법과 정의가 자리잡고 있을
때에만 가능한 일이다. 공법과 정의는 한두 번 실천하고 마는 것이 아니라 일 년
내내 마르지 않도록 계속 지켜야 하는 것이다.

3. 요한복음 18장 36절을 읽어 봅시다. 이 말씀에 나타난 예수님의 정치적인 태
   도에 대해서 이야기해 봅시다.

〈요 18:36〉
예수께서 대답하시되 내 나라는 이 세상에 속한 것이 아니라 만일 내 나라가 이 세상
에 속한 것이었더면 내 종들이 싸워 나로 유대인들에게 넘기우지 않게 하였으리라
이제 내 나라는 여기에 속한 것이 아니니라

예수님은 이 땅에 사셨지만 이 세상에 속해서 사신 것은 아니었다.

예수님은 세상의 모든 왕국을 지배할 권한을 주겠다는 사탄의 제의를 물리치셨다(마 4:8-19). 세금을 내는 일과 관련된 논쟁에 말려들지 않으셨다(마 22:17-21). 사람들이 일종의 대중운동을 결성하여 그를 왕으로 삼고자 할 때 다른 곳으로 피해 물러가셨다(요 6:15). 예수님은 5,000명을 먹이시고 아픈 사람들을 고쳐주셨으며 신비한 하늘의 가르침을 주셨지만, 사회복지운동가나 정치인이 아니라 단지 '선생'(랍비)으로 알려지신 분이었다(마 26:18). 예수님은 지상에 오신 목적을 다음과 같이 밝히셨다. "인자의 온 것은 섬김을 받으려 함이 아니라 도리어 섬기려 하고 자기 목숨을 많은 사람의 대속물로 주려 함이니라(막 10:45)." 그는 섬김을 위해 오신 분이다. 또한 "이를 위하여 내가 태어났으며 이를 위하여 내가 세상에 왔으니 곧 진리에 대하여 증거하기 위함이라(요 18:37)." 예수님이 증거하신 진리는 정치이론이 아니라 그가 왕으로 즉위하실 왕국에 초점이 맞추어져 있었다(눅 4:43). 그 왕국은 하늘의 정부로서 모든 인간정부들을 대치하고 인류에게 항구적인 평화를 가져다 줄 정부다(단 2:44). 예수님은 자신이 세상에 속하지 않은 것처럼 성도들도 세상에 속하지 않았다고 말씀하셨다(요 17:14). 심지어 세금문제에 대해서도 가이사의 것은 가이사에게, 하나님의 것은 하나님에게 돌릴 것을 말씀하기도 하셨다.

4. 갈라디아서 5장 1절은 "그리스도께서 우리로 자유케 하려고 자유를 주셨으니 그러므로 굳세게 서서 다시는 종의 멍에를 메지 말라"고 말씀하셨습니다. 기독교인은 신앙의 자유를 수호하기 위해서 정치활동에 참여해야 할 때가 있습니다. 다음의 사항들 중에서 관계있는 것끼리 줄로 이어봅시다.

1. 국가가 신앙생활을 침해할 때 교회는 항거해야 한다.	ㄱ. 한국교회는 국비로 단군신전을 건립하려는 일과 불교의 연등행사를 지원하는 일에 강력히 항의해야 한다.
2. 국가가 자기우상화를 꾀할 때 교회는 이를 경고해야 한다.	ㄴ. 공무원 임용시험이나 대기업 입사시험을 주일에 시행함으로써 기독교인들에게 제도적 불이익을 주는 것은 헌법에 명시된 종교적 평등과 고용의 차별금지 조항을 위반하는 것이므로 정부와 기업체에 꾸준히 요구해야 한다. 이외에도 근무 상 차별대우 등 기독교인이 사회생활을 영위함에 있어서 당하는 모든 불이익을 시정하는 정치적 노력을 다해야 한다.
3. 국가가 종교적 중립의 원칙을 지키지 못하고 특정 종교에 일방적 특혜를 주는 경우가 발생할 때 항의해야 한다.	ㄷ. 한국교회는 일제 시대에 신사참배에 항거했으며, 해방 후 국기배례나 교회사찰에 저항했다. 독재가 극에 달했을 때 정부는 교회의 설교와 헌금에까지 간섭하기도 했었다.
4. 국가가 기독교인에게 불이익을 주는 제도를 시행하거나 허용할 때 교회는 시정을 요청해야 한다.	ㄹ. 이것은 신앙의 자유를 근본적으로 위협하는 최대의 적이다. 독재자는 정치권력의 한계를 인정하지 않고 국가를 절대화 혹은 종교화하여 모든 종교의 신앙의 자유를 심각하게 침해하고 말살하려 했다. 그러므로 교회는 독재자의 전체주의 음모와 국가권력의 무리한 확대를 강력히 경고해야 한다.

(차트 자료)

기독교인들은 신앙의 자유를 수호하기 위해 정치활동에 참여해야 한다. 모든 자유의 원천인 우리의 영적 자유를 회복시키기 위해 예수님은 십자가에서 대가를 치르셨다. 초대교회로부터 신앙의 자유를 수호하기 위해 얼마나 많은 대가를 치렀는가? 교회는 신앙의 자유를 침해 혹은 축소하려는 어떤 움직임에도 방심하지 말고 이를 저지해야 한다.

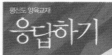
사회정의를 실현하라

다음 글을 읽고 주어진 질문에 대해 답해 봅시다.

다음은 우리 사회에서 볼 수 있는 부패행위들입니다.

· 위생담당 공무원이 뇌물을 받고 관할구역 내 유흥주점의 불법영업을 묵인해 주는 행위
· 관할구역 내의 업소로부터 정기적으로 금전이나 물품을 상납받는 행위
· 직원들로부터 뇌물을 받고 인사에 특혜를 주는 행위
· 병역면제를 청탁하는 행위
· 세무담당 공무원이 뇌물을 받고 탈세를 묵인해 주는 행위
· 공공기관의 재산을 팔아서 사적으로 이득을 챙기거나 공금을 횡령하는 행위
· 공문서를 위조하는 등 상사나 동료에게 허위보고를 하여 개인적으로 이익을 챙기는 행위
· 교통담당 공무원이 뇌물을 받고 민원인의 위법 사실을 묵인하는 행위
· 다른 공무원들과 결탁하여 업체나 민원인으로부터 뇌물을 받아 함께 나누는 행위
· 업체나 민원인에게 이익 또는 불이익을 줄 수 있는 정보를 사전에 주고 그 대가로 뇌물을 받는 행위
· 관련업체로부터 그 업체의 신용카드를 지급받아 이를 평소에 가지고 다니면서 사용하는 행위
· 민원인들로부터 룸살롱 등 유흥업소에서 접대를 받는 행위
· 소방담당 공무원이 뇌물을 받고 소방 안전시설에 대한 점검을 하지 않거나 소홀히 하는 행위
· 자신의 인사문제와 관련하여 인사권자 및 관계자에게 뇌물을 주는 행위

· 업무상 알게 된 정보를 활용하여 사적으로 주식이나 부동산 투기를 하는
행위
· 가까운 후배나 친척을 자신이 근무하는 관공서에 취직시키거나 요직에 임
명하는 행위

- 장종현 편, 『정의의 윤리』 중에서 -

1. 내가 경험했거나 기억하고 있는 부패 행위에는 어떠한 것들이 있습니까?

각자의 이야기를 들어본다.

어떤 단체는 어린이 수련원을 지어놓고 소방검열을 나온 소방서 직원에게 뇌물을
주어 소화기도 갖추어 놓지 않은 수련원이 인가를 받았다. 그 결과, 화재사건으로
많은 어린이들이 사망하는 참극이 발생했다.
다리의 안전진단을 맡은 공무원들이 뇌물을 받고 대충 검사하고 넘어갔다. 그 결
과, 성수대교가 무너져 수많은 소중한 인명을 잃고 말았다.
성경에는 뇌물이 사회에 끼치는 해악이 너무 크기 때문에 철저하게 금하고 있다.
기독교인은 이웃사랑을 실천하기 위한 정치활동에 적극 참여해야 한다. 힘없고
가난한 자는 흔히 정치적 희생을 당하며 부정과 불의에 억눌려 있다. 교회는 약한
이웃의 편에 서서 그들의 억울한 사정을 대변하고 신원하여 잘못된 것이 시정되
도록 정치적 노력을 게을리 하지 말아야 한다. 특히 인권 보호에 앞장서야 한다.
힘 있는 자들이 연약한 동료인간의 기본적 인권을 부정할 때 교회는 하나님께서
모든 인간에게 동등한 인권과 존엄성을 부여했다는 사실을 선포해야 한다.

2. 지금 내가 참여할 수 있는 정치사회 문제에는 어떤 것들이 있을까요? 나는 어떻게 참여할 수 있을까요? 3가지 정도 적어 봅시다.

① 국가를 위하여 기도하는 일은 가장 기본적인 일이다.
② 참여연대나 경실련과 같은 시민단체를 후원할 수 있다.
③ 선거, 청원 등과 같은 정당하고 합법적인 방법을 사용하여 사회를 바꿀 수 있다.

내가 직접 할 수 있는 일들을 생각해 보자. 가장 먼저 나라를 위해 기도하는 것은 당연한 일이다. 또한 선거에 꼭 참여하는 것도 중요한 일이다. 좀 더 전문적으로 나간다면 행정, 사법, 입법부의 각급 기독교단체와 힘을 합쳐서 정치활동을 수행하여 적극적으로 정치적 결실을 얻어내고, 기독교 법조인들의 협조 하에 소송제기를 통한 사법적 해결방안도 추진되어야 한다. 마지막으로, 기독교적 목적을 위해서는 기독교적 수단을 사용해야 한다. 성령의 열매가 기독교인의 행동원리이다. 폭력을 철저히 배격하고, 사랑으로 호소하고, 고난을 각오하며 용감하게, 그러나 유연하게 정치참여에 임해야 할 것이다.

새길말씀 외우기 ···

나라는 죄가 있으면 주관자가 많아져도 명철과 지식 있는 사람으로 말미암아 장구하게 되느니라 (잠 28:2)
새번역) 나라에 반역이 일면, 통치자가 자주 바뀌지만, 슬기와 지식이 있는 사람이 다스리면, 그 나라가 오래간다.

결단의 기도

교회와 국가를 통해서 하나님의 공의와 사랑이 실현되기를 원하시는 하나님! 우리를 구원하시고 우리에게 정치적 지혜를 주심으로 공동체의 건강을 유지하게 하심을 감사드립니다. 특히 기독교인들의 정치참여를 통해서 사회를 정화하고 이웃에 대한 사랑을 실천하여 약하고 소외된 자들이 대접을 받는 공동체가 속히 이루어지도록 은혜를 베풀어 주소서. 우리 사회에 바른 정치가 실현되어 속히 하나님 나라를 맛볼 수 있도록 은혜를 베풀어 주옵소서. 예수님의 이름으로 기도합니다. 아멘.

평신도 양육교재 평가하기

평가항목	세부사항	그렇다	그저 그렇다	아니다
인도자의 준비도	인도자는 본 과의 교육목적을 이룰 수 있도록 충분하게 준비했습니까??			
교육목표의 성취도	1. 학습자들이 올바른 정치참여가 기독교인의 사회적 책임인 것을 깨달았습니까? 2. 학습자들이 바른 정치의 실현을 위해 파수꾼의 역할을 감당할 것을 다짐하였습니까?			
학습자의 참여도	학습자들이 진지하고 적극적인 태도로 성경공부에 임했습니까?			
성경공부의 분위기	성경공부를 진행하는 동안 분위기가 자연스럽고 편안했습니까?			
기타 보완할 점	기타 보완할 점이나 건의사항이 있습니까?			

4
평신도 양육교재

빛과 소금의 사명

교육주제	하나님의 말씀에 순종하여 세상의 빛과 소금이 되자.
배울말씀	열왕기하 23장 1-27절
도울말씀	마 5:13-16, 엡 6:12
새길말씀	너희는 세상의 소금이니 소금이 만일 그 맛을 잃으면 무엇으로 짜게 하리요 후에는 아무 쓸 데 없어 다만 밖에 버려져 사람에게 밟힐 뿐이니라 (마 5:13)

이룰 목표

① 교회는 지역사회와 국가를 위한 빛과 소금의 사명이 있음을 깨닫는다.

② 한국교회가 하나님과 세상을 바르게 섬기기 위해 개혁해야 할 내용을 확인한다.

③ 나의 삶의 현장에서 빛과 소금이 되는 구체적인 책임을 실천한다.

교육흐름표

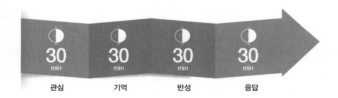

30 min	30 min	30 min	30 min
관심	기억	반성	응답

교육진행표

구분	관심갖기	기억하기	반성하기	응답하기
제목	무엇을 개혁할 것인가?	요시야왕의 종교개혁	진정한 종교개혁	빛과 소금입니까?
내용	한국의 교회와 기독교는 무엇이 개혁되어야 하는지, 기독교인으로서 자신은 무엇이 개혁되어야 하는지 찾아본다.	요시야왕은 오랫동안 하나님의 말씀을 잊고 살았던 자신의 국가와 백성들의 개혁을 위해 이방종교와 우상을 모두 제거하였다.	진정한 종교개혁은 기독교인들이 빛과 소금으로서의 본래의 역할을 함으로써, 사회공동체의 어두움을 밝히고 썩은 곳을 새롭게 하는 것이다.	기독교인으로서 부끄럽게 살아가는 사람들에 관한 예화를 읽고, 자신의 모습을 돌아보고 빛과 소금으로서 역할을 감당하기 위한 결단을 하고 실천한다.
방법	책 소개 읽고 이야기하기	성경 찾아 답하기	성경 찾아 답하기	예화 읽고 결단하기
준비물	루터의 95개조 항의문 차트	성경책 유월절, 우상들 사진	성경책	소금과 빛 차트
시간	30분	30분	30분	30분

말씀 이해

요시야 왕이 즉위한 지 18년 되던 해에, 그는 성전 수리에 착수했다. 그것은 성전에 계신 하나님께 드리는 예배를 정상화하려는 개혁이었다. 그런데 제사장 힐기야가 성전을 수리하다가 조상대대로 전해지던 율법책을 발견했다. 요시야 왕이 이 율법책을 읽다가 자신의 옷을 찢으며 통곡했다. 자신과 온 유다 나라가 하나님 말씀을 듣지 않고 그 말씀대로 살지 못하며 하나님을 적대하고 큰 죄를 지었다고 생각했기 때문이다(왕하 22:11-13). 즉 '이 백성이 하나님을 버리고 다른 신을 섬기며 그들의 행위는 하나님을 격노케 하고 있었던'(왕하 22:17) 것을 깨달았기 때문이다.

1. 언약의 갱신(왕하 23:1-3)

요시야 왕은 자신만의 구원과 부흥을 바라지 않았다. 그는 국민대회를 열어 성전에서 발견한 율법책을 읽고 온 백성들이 하나님의 말씀을 지킬 것을 촉구했다. 그는 유다와 예루살렘의 모든 장로들을 모은 후 여호와의 전에 올라가 모인 유다 백성들과 예루살렘의 주민들과 제사장들과 선지자들을 향해 여호와의 성전에서 발견한 언약책인 율법책을 읽고 듣게 하였다. 그것은 율법에 대해 소홀했던 것과 므낫세와 아몬의 우상숭배로 인해 깨어졌던 하나님과의 옛 언약(출 24:5-8)을 회복하려는 것이었다. 요시야 왕은 여호와의 임재를 느낄 수 있는 성전 뜰에 있는 '대 위에서' 먼저 자신이 '마음을 다하고 성품을 다하여' '계명과 법도와 율례'를 지켜 언약의 말씀을 다 이룰 것을 여호와 앞에 맹세했다. 그러자 백성들도 언약을 이루기 위해 순종하겠다고 공적으로 약속했다. '마음을 다하고 뜻을 다하여 여호와께 순종하고 그의 계명과 법도와 율례를 지켜 이 책에 기록된 이 언약의 말씀을 이루게 하리라.' 요시야의 종교개혁을 통해 진정한 개혁은 인격적으로 하나님의 말씀을 지키는 것이고, 다른 사람에게 변화를 요구할 것이 아니라 먼저 자신이 개혁의 도화선이 되어야 함을 깨닫게 된다. 한국교회의 개혁도 지도자를 비롯한 모든 신자들이 하나님

말씀을 받아들이고 그 말씀으로 인격과 삶이 변화되는 것이어야 한다.

2. 외면적 개혁의 실천(왕하 23:4-20)

앞서 일어난 예후의 미온적 개혁(왕상 10장)에 비해 요시야 왕은 철저한 종교개혁을 단행했다. 예후는 이방신을 섬기는 산당까지는 제거하지 못했으나 요시야 왕은 유다 나라는 물론이고 북 왕국 이스라엘의 벧엘과 단 지역의 우상들을 제거하는 전무후무한 대 개혁을 단행했다. 그는 제사장들과 레위인들을 명하여 바알과 아세라 목상(이세벨로 인해 들어온 이방신앙), 천체 숭배, 우상의 제사장(chemarim), 산당(이방인의 우상당), 몰록의 상(몸은 인간이나 머리는 소의 모습), 아스다롯신(시돈 사람의 여신), 그모스(모압인의 신), 밀곰신(암몬의 신), 벧엘의 금단(금송아지 산당) 등을 불사르고 가루로 만들어 평민의 공동묘지에 뿌리게 하였다. 또한, 성전 안에서 남창(男娼)을 묵인하던 '미동의 집들'을 헐고 산당을 모두 헐어 버렸으며 우상숭배를 금지했다. 그러나 요시야 왕은 여호와의 말씀대로(왕상 13:2) 선지자의 뼈는 그대로 두었다. 반면에 북 왕국 지역인 사마리아 각 성읍에 있는 여호와를 격노하게 했던 이스라엘의 산당들을 다 제거하고, 그 제사장들을 모두 죽여 불살라 버렸다. 그들은 레위지파 중에서 아론 자손들만이 제사장직을 맡아야 하는데(출 28:1) 이를 어기고 스스로 제사장으로 행세하던 자들이었다. 이와 같은 종교개혁으로 말미암아 유다 백성들은 하나님을 떠나지 않았다(대하 34:33).

3. 자기개혁의 실천(왕하 23:21-25)

요시야 왕은 율법에 기록된 대로 유월절을 지킬 것을 명했다. 유월절은 하나님이 이스라엘을 구원하신 출애굽 해방사건을 기념하는 절기이다. 요시야에 의해 시행된 유월절기는 율법이 명한 모든 의식들이 적법하게 준수되었고(대하 35:6) 유다 사람들뿐 아니라 북 왕국 사마리아 땅에 남아 있는 열 지파에서 온 많은 이스라엘 사람들도 참여하는 절기가 되었다(대하 35:17-18). 그동안 여호와의 절기가 율법대로 시행되지 않았다. 과거 히스기야 왕 시대에 유월절기가 시행되었으나 율법이 정한 때에 시행되지 않았고(대하 30:2, 3) 규정된 정결의식을 행하지 않은 채 유월절 양을 먹었다(대하 30:18). 그러나 요시야 왕이 요구한 유월절기는 거국적 차원에서 시행되었고(대하 35:18), 예루살렘에서 실시되었고(대하 35:1), 제사장들의 역할을 활성화시켰던(대하 35:2, 10-14) 절기였다. 이와 같이 요시야 왕은 공적 예배의 완전한 개혁을 성취한 후 각 가정의 개혁도 단행했다. 모든 미신과 우상숭배를 폐지하는 일을 계속했다. 신접한 자와 박수들을 제거하고, 각 가정의 신의 형상인 드라빔을 제거하였다. 특히 드라빔은 고대로부터 근동지역의 사람들이 가정에서 섬기던 신이었다(창 31:19). 사사 시대(삿 18:14)와 왕조 시대에도 성행했으며(삼상 19:13) 포로귀환 이후에도 숭배되었던 것이다(슥 10:2). 이스라엘의 열왕 중에 요시야 왕처럼 온전하게 율법을 준행하여 종교개혁을 성취한 왕이 없었다. '요시야와 같이 마음을 다하며 뜻을 다하며 힘을 다하여 모세의 모든 율법을 따라 여호와께로 돌이킨 왕은 요시야 전에도 없었고 후에도 그와 같은 자가 없었더라.' 히스기야 왕이 어느 왕보다 하나님을 더 의뢰했다면, 요시야는 하나님의 율법을 준수하는 데 어느 다른 왕들보다 더 완전한 인물이었다.

4. 종교개혁 이후의 실패(왕하 23:26-27)

요시야 왕의 시대에 살던 사람들은 여호와와 그의 율법에 순종했으나, 이후로 얼마 되지 않아 유다에는 하나님의 진노가 임하고 말았다. 그 이유는 선대의 왕인 '므낫세의 죄' 때문이었다(왕상 21:1-16; 24:3; 렘 15:4). 여기에서 '므낫세의 죄'란 지금까지 유다가 하나님 앞에서 행한 모든 죄를 통틀어 가리키는 것이다. 마치 과거 북왕국 이스라엘이 '느밧의 아들 여로보암의 죄'로 인하여 멸망한 것과 같았다(왕상 17:21-23). 요시야 왕의 완벽한 순종과는 달리 유다 백성들의 마음은 여전히 변하지 않았고 므낫세 때의 구습을 좇아 행하고 있었기 때문에 하나님의 심판이 불가피했다. 요시야 왕의 개혁요구로 인해 공적인 언약의 갱신을 이루고, 무시되었던 의식을 부활하였으며, 각 가정의 우상을 제거했지만 유다 백성의 마음은 변화되지 못했다. 그래서 선지자

예레미야의 시대에는 예루살렘 거리에서 공의를 행하거나 진리를 찾는 사람을 한 사람도 찾을 수 없었고(렘 5:1), 백성들은 '배반하며 패역하는 마음이 있어서 이미 배반하고' 떠나갔으며(렘 5:23), 우상숭배와 방탕과(렘 5:8), 불의와 압제가 모든 곳에서 만연되어 있었다(렘 5:25-28). 하나님은 이스라엘과 같이 유다도 물리치시겠다고 하셨다. 하나님은 이스라엘과 유다를 전적인 은혜로 당신의 눈동자와 같이 아끼시고 보호하셨지만(신 32:8-10) 이제 그들의 죄로 인하여 택하신 유다와 예루살렘을 버리셨다. 하나님은 자신의 오래 참으심을 무시하고 계속 죄에 거하는 자들은 반드시 심판하신다(왕상 21:26).

용어, 지명 해설

· 대(column) : 기둥처럼 생긴 사열대

· 계명과 법도와 율례 : 각각 명령과 증거와 제한을 뜻하는데 곧 율법의 총체를 말하는 것으로서 어느 것 하나도 예외 없는 그 모든 요구들을 나타내기 위한 표현이다.

· 버금 제사장 : 스바냐와 같은 부제사장(습 25:18) 혹은 대제사장의 대리인들로 보는데 이 본문에서는 대제사장과 구별되는 어린 제사장, 또는 일반 제사장들을 가리킨다.

· 문을 지킨 자들 : 성전 바깥 문을 지키고 보호하는 임무를 지닌 레위인들(대상 26:13-18)

· 하늘의 일월성신 : 자연신론의 유형을 의미하는데 고대 애굽인들이나 가나안족은 해와 달과 별들을 우주에 거하는 여러 신들의 분신으로 보고 숭배했다.

· 멸망산 : 썩어진 산이란 뜻인데 우상당과 우상 시설들이 세워졌던 감람산이다.

· 기드론(Kidron) : 다윗 성 동쪽에 있는 계곡으로, 길이는 약 5km로써 예루살렘 성벽과 감람산 사이에 위치한다. 이 계곡은 예루살렘 성보다 낮은 곳에 위치하여 우상숭배에 쓰인 기물들을 끌어내어 불태우기에 적합한 곳이었다.

· 열두 궁성 : 문자적으로는 '저택들' 혹은 '머무는 장소들'인데 아람(수리아)에서는 하늘의 12성좌를 가리키거나 메소포타미아에서는 천체들이 차지하는 하늘의 전 영역을 가리킨다.

· 미동의 집 : 미동이란 남창(男娼)을 가리킨다. 이들은 고대근동 지방의 우상숭배 의식 때 여제사장들과 의식상의 성관계를 맺거나 남색(homosexuality)하는 자들의 상대역할을 담당했다.

> ·게바 : 예루살렘에서 북쪽으로 몇 마일 되지 않는 곳에 위치한 곳으로 본래 베냐민 지파
> 의 성읍이었다가 후일 레위 지파의 기업이 되었다(수 21:17; 대상 6:60). 이곳은 벧엘
> 과 인접한 곳으로 그곳보다 더 우상숭배가 극심했던 곳이다. 브엘세바는 유다의 최남단
> 의 성읍으로서 게바와 동일하게 우상숭배가 성행하던 지역이었다.
>
> ·성문의 산당들 : 예루살렘 성문은 이스라엘의 공공 집회장소로 사용되던 넓은 곳이었
> 는데 이곳에 이방인들이 기도하며 예물을 드리는 산당이 세워졌다고 한다.
>
> ·도벳(Topheth) : 예루살렘 성 밖의 힌놈의 골짜기 가운데 하시드 문 근처의 토기장이
> 밭 근처에 위치한 산당이다(렘 7:31-32). 이 일대는 가나안 사람들이 신성시하던 곳이
> 며 후일 타락한 유대인들에 의해 바알과 몰록을 숭배하는 우상의 중심지가 되었다.
>
> ·나단멜렉의 집 : 이곳은 성전의 물품들과 기물들을 저장해 두던 성전 창고 중의 하나
> 이다.

관심갖기
평신도 양육교재

무엇을 개혁할 것인가?

다음은 지난 2013년에 출간된 책입니다. 책 소개를 읽고 주어진 질문에 대답해
보세요.

새로운 한국교회를 위한 20가지 핵심 과제『한
국교회 개혁의 길을 묻다』. 이 책은 요즘 한국 개
신교를 떠들썩하게 한 교회 세습과 종교인 세금
문제에서부터 초대형 교회 문화, 값싼 구원론,
무속적인 신앙, 교회 안의 맘몬 숭배주의, 구약
의 율법적 사고방식, 공격적이고 배타적인 선교,
남북분단과 교회의 역할 등을 다루었다. 한국교
회의 현안뿐 아니라 기독교 내부의 치부를 드러
내는 낯 뜨거운 실화, 그리고 비판과 회개, 아프

고 고통스러운 기독교 내부의 근본적인 문제들을 적나라하게 성찰해보고 대안을 모색하려고 노력하고 있다.

다음 도서 정보 사이트(http://book.daum.net) 참조

1. 당신은 한국교회가 진정한 개혁을 이루기 위해서 어떤 것부터 시작해야 하고 무엇이 개혁되어야 한다고 생각합니까?

각자의 생각을 들어본다.

최근 한국교회는 세상을 향한 영향력 감소, 양적 성장의 한계로 인한 교인수의 감소, 대중문화의 확산으로 인한 교회교육의 약화, 자기비만증에 걸린 반사회집단이라는 부정적 이미지로 인해 어려움을 겪고 있다. 오늘날 급성장하고 있는 소수의 대형교회들은 대부분 기존 신자들의 수평이동에 따른 결과이다. 한국교회가 비판 받는 현상들로는 "십자가 네온사인의 홍수, 대형교회의 수양관 건립 붐, 기관모임의 장소 고급화, 일부 목회자의 가짜 박사학위, 외국여행(단기선교) 붐, 교회생활과 사회생활의 이중성, 철새교인, 교회행정의 비민주화, 교회재정의 불투명성, 이단사이비 단체의 활동" 등으로 요약할 수 있다. 이러한 현상의 배경에는 물량주의, 황금만능주의, 권위주의, 성공주의 등의 세속적 가치관이 교회 안에 침투한 것이 있다. 이와 같은 세속적 가치관들이 한국교회의 온갖 부정적인 모습들의 원인이 되고 있다. 따라서 가장 중요한 일은 참된 회개가 선행되어야 한다는 것이다. 특히, 교회의 황금만능주의를 회개하고 복음신앙을 회복해야 하며 하나님의 말씀에 참으로 순종해야 한다. 행함이 있는 신앙이 있어야 하고, 보수와 진보로 나뉜 분열을 치료해야 하며, 사회문제를 교회의 책임으로 인식하여 사회적 봉사와 책임을 다해야 하고, 우리 공동체 안에서 소외된 이들을 돌보고 외국인들에 대한 편견을 치료하며, 민족의 통일을 위해 헌신적인 노력을 기울여야 한다.

2. 로마서 12장 2절은 '너희는 이 세대를 본받지 말고 오직 마음을 새롭게 함으로 변화를 받아 하나님의 선하시고 기뻐하시고 온전하신 뜻이 무엇인지 분별하도 록 하라'고 말씀하십니다. 당신은 자신의 모습 중 무엇을 먼저 개혁해야 한다 고 생각하십니까?

각자의 생각을 들어본다. 기본적으로 신앙인은 물량주의, 황금만능주의, 권위주 의, 성공주의 등의 세속적 가치관에서 벗어나야 한다.

1517년 루터의 95개조 항의문(차트 자료)으로 시작된 종교개혁(the Reformation)의 핵심은 '종교'의 개혁이 아니고 '자신'의 개혁에 있었다. 그 항의문의 제 1항은 "우 리들의 주님이시며 선생이신 예수 그리스도께서 '회개하라...'(마4,17)고 말씀하실 때 그는 신자들의 전 생애가 참회(깊이 뉘우치는 것)가 되어야 한다는 것을 의미한 다."는 말로 시작된다. 결국 95조개항의 항의문의 논지는, 참된 참회(회개)가 무엇 인가 하는 것이다. 면죄부라는 것이 아니고 교황의 사면이 결정적인 것이 아니라 는 것이다. 참된 회개란 바로 '심령과 마음의 개혁'이라는 것이다. 바로 이것이 서 구사회의 소위 기독교권(Christendom)을 뒤흔들어 놓았던 핵심요지였다. '심령과 마음의 참된 개혁', 이것이 도대체 무엇인가? 서구교회가 다시금 위기를 겪고 있는 것은, 바로 루터의 95개조항의 항의문의 그 핵심논지가 무엇인지를 잃어버리고 있 기 때문이다. 물론, '심령과 마음'의 개혁, '자신'의 개혁이라는 말이 없는 것은 아니 다.

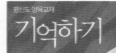

요시야 왕의 종교개혁

배울말씀인 열왕기하 23장 1-27절을 읽고 주어진 질문에 답해 봅시다.

1. 요시야 왕은 모든 이스라엘 백성들을 불러 모은 후, 무엇을 하였습니까?
   (왕하 23:1-3)

   성전 안에서 발견한 언약의 말씀을 들려주었다.

   요시야는 하나님을 향한 예배를 정상화하려고 했다. 그 방법은 하나님의 율법을
   들려주어 참된 회개를 촉구하는 것이었다. 그것은 하나님을 떠나 하나님의 말씀
   을 지키지 않고 우상숭배를 하던 유다 백성의 죄를 깨우치려는 것이었다. 또한 유
   다백성들에게 하나님을 사랑하고 섬기는 구체적인 방법과, 사람을 사랑하여 그들
   과 더불어 사는 규칙과 법들인 하나님의 율법에 순종할 것을 요구했다. 그러나 먼
   저 자신이 마음과 성품을 다하여(인격적으로) 하나님의 언약의 말씀을 지킬 것을
   맹세하는 본을 보여주었다. 하나님의 말씀으로 돌아오는 것이 진정한 개혁의 출
   발이다.

2. 하나님의 말씀을 지키는 국가적인 종교개혁을 이행하는 데 있어서 가장 먼저
   시행한 일은 무엇입니까? (왕하 23:4-6)

   우상숭배에 사용되던 기물들과 이방신을 섬기던 산당은 불사르고 가루로 만들어 공
   동묘지에 버리게 했으며, 그 제사장들도 모두 죽여 불살랐다.

   이와 같이 개혁은 철저하게 지켜져야 한다. 또한 성전 안에서 묵인되던 남창제도
   를 뿌리 뽑았다. 이방 신앙이 유입되어 하나님 신앙과 혼합되어 있던 모습이었다.

물질적 타락과 영적 타락은 결국 성적 타락과 결탁하여 혼합주의나 포용주의 성격을 띠게 된다. 우리의 삶에서 우상숭배의 대상을 과감히 제거하는 것은 물론 성적 타락이나 혼합주의 등도 용납해서는 안 될 것이다.

3. 계속해서 이어지는 요시야 왕의 개혁에는 어떤 것들이 있었습니까? 그 의미는 무엇일까요? (왕하 23:21-25)

잊혀졌던 절기인 유월절(사진 자료)을 지키게 하고, 책에 기록된 것을 이루기 위해 유다 땅과 예루살렘 땅에 있는 신접한 자와 점쟁이, 우상과 가증한 것들을 제거하였다. 이는 율법의 말씀을 온전히 이루고자 함이다.

외면적인 우상의 기물들과 산당(사진 자료) 그리고 그 제사장들을 제거하는 일도 중요했지만, 내면적 개혁도 역시 중요한 일이었다. 요시야 왕은 오랫동안 율법의 명령대로 실천하지 못한 유월절기를 회복했다. 그것은 하나님의 말씀을 다시 세우려는 의도였다. 진정한 개혁은 새로운 것을 창출하는 것이 아니라 본질적인 것을 재확립하는 것이다. 또한 가정의 미신과 우상숭배를 폐지하여 온 유다 백성들을 하나님의 말씀 앞에 서게 만들었다. 참된 개혁은 하나님의 복음의 말씀 앞에 정직하고 진지하게 서는 일이다.

4. 이러한 요시야 왕의 종교개혁의 노력에도 불구하고 그 이후에 유다 백성들이 하나님께 버림 받아 멸망당한 이유는 무엇일까요?? (왕하 23:26-27)

'므낫세의 죄'로 인해 여호와께서 격노하셨기 때문에

므낫세의 죄는 유다 백성들이 하나님 앞에 지은 불신앙, 불순종, 우상숭배와 같은 모든 죄들을 말한다. 요시야 왕 시대의 유다 백성들은 하나님의 율법에 순종하려는 마음을 가졌으나 이후의 백성들에게서는 여전히 마음의 변화를 찾을 수 없었다. 공의를 행하거나 진리를 찾는 사람을 찾을 수 없었고, 배반하여 패역한 마음을 가지고 하나님을 떠났거나, 우상숭배와 방탕함, 그리고 불의와 압제가 만연되어 있었기 때문이다. 따라서 불의와 불순종과 우상숭배의 죄에서 떠나 하나님의 말씀에 순종하여 온전히 준수하는 회개에 합당한 삶을 살아야 한다.

반성하기 — 진정한 종교개혁

1. 우상이란 무엇이고 진정한 종교개혁은 무엇이라고 생각합니까? 디모데전서 6장 10절의 말씀을 바탕으로 생각해 봅시다.

> 〈딤전 6:10〉
> 돈을 사랑함이 일만 악의 뿌리가 되나니 이것을 탐내는 자들은 미혹을 받아 믿음에서 떠나 많은 근심으로써 자기를 찔렀도다

각자의 생각을 들어본다. 다음과 같은 답을 할 수 있겠다. '나에게 우상이란 세상을 사랑하는 마음이다. 그것은 안목의 정욕, 육체의 정욕, 그리고 이생의 자랑에 속한 것이다. 하나님이 바라시는 종교개혁은 우리 자신들의 마음과 생활의 변화이다.'

하나님은 우리 기독교인들에게 세상과 구별된 삶을 요구하신다(살전 4:3, 7). 먼저 하나님은 이스라엘 백성을 향해 구별된 거룩한 백성으로 삼으실 것을 약속하셨다. '너희가 내게 대하여 제사장 나라가 되며 거룩한 백성이 되리라. 너는 이 말을 이스라엘 자손에게 전할지니라(출 19:6).' 하나님의 거룩한 백성이 되는 것은 다른 민족과 구별되어 하나님의 특별한 백성이 된다는 것이다. 따라서 그의 율법을 지켜야 한다. '너희는 너희가 거주하던 애굽 땅의 풍속을 따르지 말며 내가 너

희를 인도할 가나안 땅의 풍속과 규례도 행하지 말고 너희는 내 법도를 따르며 내 규례를 지켜 그대로 행하라. 나는 너희의 하나님 여호와이니라(레 18:3-4).' 신약에서도 하나님은 영적 이스라엘인 기독교인들을 향해 동일한 약속을 하신다. '너희는 택하신 족속이요 왕 같은 제사장들이요 거룩한 나라요 그의 소유가 된 백성이니' 그 부르심은 하나님의 영광의 덕을 널리 전하게 하시려는 것이다. '이는 너희를 어두운 데서 불러내어 그의 기이한 빛에 들어가게 하신 이의 아름다운 덕을 선포하게 하려 하심이라(벧전 2:9).' 따라서 세상 속에서 하나님의 자녀가 부르심의 목적을 이행하려면 빛과 소금의 역할을 다해야 할 것이다.

2. 온전한 기독교인이 세상에서 빛과 소금의 기능과 역할을 다한다는 것은 어떤 것을 말한다고 생각합니까? 마태복음 5장 16절을 읽고 생각해 봅시다.

> 〈마 5:16〉
> 이같이 너희 빛이 사람 앞에 비치게 하여 그들로 너희 착한 행실을 보고 하늘에 계신 너희 아버지께 영광을 돌리게 하라

착한 행실을 통해 사람들에게 덕을 끼치고 궁극적으로는 하나님께 영광이 될 수 있게 해야 한다.

세상과 구별되어 사는 온전한 기독교인의 삶에 대해 산상수훈은 '착한 행실'로 규정한다. 마태복음 5장 16절에 '이같이 너희 빛이 사람 앞에 비치게 하여 그들로 너희 착한 행실을 보고 하늘에 계신 너희 아버지께 영광을 돌리게 하라'고 말씀한다. 기독교인은 세상의 빛 되신 예수 그리스도를 따라 세상에서 어두움을 밝히는 조명의 역할을 담당해야 한다.

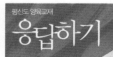

응답하기

빛과 소금입니까?

아래의 글을 읽고 주어진 질문에 답해 봅시다.

> 당신은 기독교인입니까? 그렇다면 당신은 성령을 마음에 담은 사람입니까, 아니면 복음을 방해하는 마음을 가진 사람입니까? 사회생활을 하면서 제가 본 사람들 중에 교회 다닌다고 하고, 교회에서 봉사도 하고 집사, 장로, 권사라고 하면서 하나님의 복음에 방해되는 사람이 너무나 많습니다.
>
> 어떤 사람은 회사에 성경구절을 예쁘게 잘 걸어놓았습니다. 사업이 안 될 때는 금식하며 교회에 가서 기도합니다. 그리고 1주일에 한 번씩 직장에서 예배 드리고 찬송 부르고 기도합니다. 그러나 경영주로서 직원의 월급을 이런 핑계, 저런 핑계로 적게 주기도 하고 어떤 때는 돈이 없다며 다음날, 또 다음날 주겠다고 하면서 정확한 날짜에 월급도 잘 주지 않습니다. 가이사의 것을 가이사에게 주지 않으려고 합니다.
>
> 어떤 사람은 안수 집사인데 다른 사람의 학비를 받은 후에 외국학교에 보낼 돈을 보내지 않고 다른 데 쓰다가 나중에 알게 된 학생의 가족이 와서 항의하자 엉뚱하게도 직원이 실수한 거라며 핑계를 대기도 합니다.
>
> 어떤 집사님은 회사 식당에 식사를 배달해서 시켜먹고는 때가 되어서 돈을 받으러 가면 다음에 오라고 하고 이것 때문에 싸우기도 합니다. 이 사람들은 행실은 악한데 직장에서 교회 다닌다고 하며 수시로 복음에 대하여 말을 합니다. 하지만 그 누구도 이런 사람의 행실을 보고 하나님의 말씀이나 복음을 받아들이려고 하지 않습니다. 왜냐하면 악한 마음을 가진 사람의 행동 때문에 하나님의 복음이 세상에 전해지는 데 방해가 되기 때문입니다.
>
> 하나님은 우리에게 예수님은 세상의 빛이요, 생명이라고 말씀하셨습니다. 예수님은 아픈 사람들을 불쌍히 여기셔서 치료해 주시고, 물고기 두 마리와 보리떡 다섯 개로 배고픈 사람들 오천 명을 먹이시는 마음이 따뜻한 분이셨습니다.

예수님의 뜻을 따라서 사는 사람도 있습니다. 어떤 집사님은 자신이 가진 의술을 이용하여 무료로 다른 나라와 어려운 이웃을 돕는 사람이 있습니다. 대천덕 신부님은 예수원을 설립하여 각계 각층의 사람들을 보호하고 가르치고 일자리를 마련해 주기도 하면서 사랑을 주었습니다. 그 결과 많은 사람들이 예수님을 믿고 구원을 받아 새사람이 되기도 했습니다. 어떤 분은 회사가 경영난으로 문을 닫아야 하는 순간에도 부채를 지고라도 직원들의 급여를 주고, 또 직장을 잃어야 하는 사원들을 위하여 약간의 돈을 더 주며 미안하다고 말하는 사람도 있습니다.

세상에는 이렇게 하나님께 빛이 되는 기독교인이 있고, 반대로 기독교인이라고는 하지만 오히려 하나님의 복음을 방해하는 사람도 있습니다. 기독교인은 예수 그리스도의 마음을 품고 사는 사람들입니다. 오늘은 나를 돌아보십시오. 당신은 그리스도의 빛이 되는 사람입니까?

어떤 기독교인

1. 당신은 어떤 사람이라고 생각하십니까?

서로 자신의 느낌을 나누도록 한다. 예, '나는 지금껏 예수님을 믿는 자랑스러운 기독교인이라고 자인했으나 사실 부끄러운 모습이 많이 있음을 깨달았다.' '나는 이중적인 신앙생활을 해 왔다. 신앙의 마음과 생활의 마음이 다르고 다른 사람들을 대할 때 사랑의 마음보다는 이기적인 마음으로 대해왔던 것이 사실이다.' '세상에서 빛과 소금이 되어야 하는 하나님의 말씀을 순종하기 위해 내 마음과 내 생활을 개혁하려고 기도하고 노력하겠다.

이러한 고백이 부담스러울 경우 각자 눈을 감고 정직한 마음으로 자신의 모습을 되돌아 볼 수 있는 시간을 2분 정도 갖도록 한다. 이후에 계속 진행하면 된다. 자연스럽고 솔직한 대화가 나누어질 수 있도록 하자.

2. 세상의 빛과 소금의 직분을 감당하기 위해 어떤 삶을 살아야 할까요? 다음 표를 바탕으로 소금과 빛으로서의 나의 삶에 대한 다짐을 적어 봅시다.

	생활의 영역	나의 모습 내가 할 수 있는 것 내가 해야 할 것
빛으로서	동네에서 • •	마을을 깨끗하게 하기 위해서 내가 먼저 아침마다 청소를 하겠다. • •
소금으로서	회사에서 • •	세금을 정확하게 내겠다. • •

(차트 자료)

성경은 '너희는 세상의 소금이니' 또 '너희는 세상의 빛이라'고 말씀하신다. 주님께서 '너희는 교회에서 빛이다'라고 말씀하시지 않고, '너희들은 제자들이 모인 가운데서의 빛이다'라고 말씀하시지 않고, '세상의 빛이다', '믿지 않는 사람들 가운데서의 빛'이라고 말씀하시고 있다. 기독교인들의 빛은 세상에서 비춰져야 하는 것이다. 즉 당신이 살고 있는 직장에서 또 학교에서, 그리고 믿지 않는 가족들이 사는 가정에서 여러분들의 그 빛이 나타나야 한다. 직장생활을 하는 형제자매들도 마찬가지이다. 직장에서 '저 사람을 보면 진짜 믿는 사람이다.'라는 이야기를 들어야 한다. 우리가 직장 생활을 하면서도 '저 사람은 우리 회사에 꼭 필요한 사람이다.'라는 소리를 들을 때에, 주님의 빛을 발하게 되는 것이다.

이 표를 작성하되 단 한 가지라도 실천 가능한 것을 적도록 하고 서로 중보하는 기도의 시간을 갖도록 한다.

너희는 세상의 소금이니 소금이 만일 그 맛을 잃으면 무엇으로 짜게 하리요 후에는 아무 쓸 데 없어 다만 밖에 버려져 사람에게 밟힐 뿐이니라(마 5:13)

결단의 기도

긍휼이 많으신 주 여호와 하나님! 100년 전에 우리 민족에게 민족대부흥이라는 큰 복을 주셔서 한국교회가 성장하게 됨을 감사드립니다. 그러나 오늘 우리는 너무도 부끄러운 마음으로 기도하게 됩니다. 하나님을 믿는다고 하면서 세상을 사랑하고 하나님보다도 물질을 더 중요하게 여기는 저희가 되었습니다. 회개와 순종과 헌신보다는 편안한 것과 실리적인 것과 말로만의 헌신을 외치며 사는 죄악된 저희가 되었습니다. 미신을 좇고 우상들을 섬기는 어리석음 가운데 살고 있습니다. 정직하고 의로운 자를 찾기 어렵고 마음이 부패하여 하나님을 멀리 떠난 자들이 가득한 이 세상에서 빛과 소금의 직분을 다하여 하나님의 영광을 드러낼 수 있도록 힘을 주시고 지혜를 주시옵소서. 다시 하나님의 언약의 말씀들을 지켜 행함으로 하나님께 영광이 되도록 인도하시옵소서. 큰 회개와 부흥의 역사를 다시 허락해 주시옵소서! 예수 그리스도의 이름으로 기도합니다. 아멘.

평신도 양육교재
평가하기

평가항목	세부사항	그렇다	그저 그렇다	아니다
인도자의 준비도	인도자는 본 과의 교육목적을 이룰 수 있도록 충분하게 준비했습니까?			
교육목표의 성취도	1. 학습자가 기독교인들에게 세상의 어두움과 부패함을 해결하기 위한 빛과 소금의 사명이 있음을 깨달았습니까? 2. 학습자가 나의 삶의 현장에서 빛과 소금이 되는 구체적인 책임을 실천할 것을 결심하였습니까?			
학습자의 참여도	학습자들이 진지하고 적극적인 태도로 성경공부에 임했습니까?			
성경공부의 분위기	성경공부를 진행하는 동안 분위기가 자연스럽고 편안했습니까?			
기타 보완할 점	기타 보완할 점이나 건의사항이 있습니까?			

MEMO

대망의 미래

교육주제 재림의 소망을 가지고 오늘을 성결하게 살아야 한다.

배울말씀 마태복음 25장 1-13절

도울말씀 고전 15:12-18; 마 13:24-35

새길말씀 이러므로 너희도 준비하고 있으라 생각하지 않은 때에 인자가 오리라

(마 24:44)

이룰 목표

① 예기치 않은 때에 주의 재림이 있을 것을 안다.

② 재림의 날에 슬기로운 처녀들처럼 깨어 있어야 함을 깨닫는다.

③ 최후의 심판 날에 인정받도록 지금 이 땅에서 거룩하고 의로운 삶을 산다.

교육흐름표

20 min	20 min	20 min	60 min
관심	기억	반성	응답

교육진행표

구분	관심갖기	기억하기	반성하기	응답하기
제목	천황이 높으냐, 예수가 높으냐?	깨어 있으라	문준경 전도사의 삶	죽음 앞에서
내용	박봉진 목사님의 순교 이야기를 읽고, 재림을 앞둔 기독교인들이 준비해야 할 것을 생각해본다.	신랑을 기다리는 열 처녀의 비유를 통해, 예수님이 재림하실 때에 성령충만 한 자와 그렇지 못한 자의 결과를 살펴본다.	문준경 전도사의 이야기를 읽고, 재림을 기다리는 기독교인의 삶의 태도를 성경 속에서 찾아 확인한다.	가족과 지인들에게 가상의 유언장을 써봄으로써, 재림을 기다리는 기독교인으로서의 새로운 삶을 결단한다.
방법	예화 읽고 이야기하기	성경 찾아 답하기	예화 읽고 이야기하기	유언장 쓰고 결단하기
준비물	박봉진목사사진	슬기로운 처녀 차트	문준경전도사사진 기독인의태도차트	유언장 자료
시간	20분	20분	20분	60분

1. 재림의 대망(마 25:1)

열 처녀의 비유는 예수의 감람산 감화 중에서 첫 번째 종말론적 비유이다. 1절에서 '그때'는 종말적 심판을 하시려고 인자가 다시 오시는 때이다. 본문은 인자의 오시는 때를 결혼잔치로 비유하고 있다. 유대인들에게 결혼예식은 매우 중요했다. 7일 동안 계속되는 결혼잔치에 신랑과 신부는 물론이고 축하하러 온 손님들에게도 종교적인 의무가 면제되는 특권이 주어졌다고 한다. 신랑은 친구들과 어울려 놀다가 약속된 혼인기간 중 한 날을 잡아 한밤중에 신부집으로 소식도 없이 기습적으로 찾아간다. 한편 신부는 신부집에서 친한 친구들과 춤추고 노래하며 신랑을 기다린다. 이때 신랑은 예상하지 않은 시간에 갑자기 들이닥쳐 신랑이 오기를 기다리던 신부 들러리들을 놀라게 하는 것을 큰 재미로 여긴다. 신부집을 찾은 신랑이 정해진 예식을 다 마치면 신부를 데리고 결혼잔치가 열리는 자기 집으로 가게 되는데 신랑집까지 가는 길에 기름을 준비한 신부 들러리들이 함께 가게 된다. 신랑과 신부가 잔칫집에 도착하면 신랑신부의 안전과 잔치의 흥을 깨지 않으려고 대문을 닫아걸고 아무도 들여보내지 않는다고 한다. 본문에서 열 명의 처녀들은 모두 신부 들러리들로, 신랑이신 예수님이 예기치 않은 때에 오실 것을 대망하는 신자들을 의미한다.

2. 두 부류의 처녀들(마 25:2-4)

본문은 신랑이신 예수님의 재림을 기다리는 성도들의 모습을 구분한다. 신부의 들러리들은 지혜로운 다섯 처녀와 미련한 다섯 처녀로 나뉜다. 특히, 미련한 처녀들은 등은 가졌으나 기름을 충분히 가지지 않았다고 지적한다. 여기에서 등은 기름을 담을 그릇으로써 외면적 신앙생활을 의미하고, 기름은 등불을 밝히는 근원적 요소로써 신앙생활의 원초적인 힘이 되는 하나님과 영적으로 교제하는 생명력 넘치는 내면적 생활과 믿음, 그리고 성령이라고 할 수 있다(사 61:1, 슥 4장, 히 1:9). 성령은 중생케 하시고, 내주하셔서 가르치시고 변화시키는 역사를 이루시는데, 기름을 준비하지 못했다는 것은 그가 성령의 체험이 없는 외형적 신자(church-man)라는 것을 말한다. 형식적인 교회출석, 봉사, 선교 등의 외면적 신앙생활이 아니라 성령의 사로잡힌 바 되고 믿음과 사랑의 역동적인 힘에 의해서 나타나는 신실한 신앙생활이야말로 바른 성도의 모습이다. 미련한 처녀들은 처음부터 등에 기름이 없던 것이 아니라 제한된 양의 기름만 준비했다. 신실한 성도라면 계속하여 꺼지지 않고 불을 밝힐 수 있도록 충분히 준비해야 한다. 그래서 슬기로운 다섯 처녀들은 신랑이 늦게 올 것을 대비하여 등과 기름을 준비했다. 은혜 체험이나 행함이 결여된 믿음, 그리고 영적건강을 상실한 채 예수님의 재림을 맞이할 수 없다. 따라서 주의 재림을 염두에 두면서 날마다 준비성 있는 신앙생활을 하는 자만이 기쁨으로 신랑을 맞이할 수 있다.

3. 깨어 있으라(마 25:5-8)

본문에서 열 처녀들은 신랑이 더디 오므로 졸며 자고 있음을 보고한다. 이것은 신랑을 맞아야 하는 교회가 종말이 지연됨으로써 어려움에 직면해 있는 상황을 비유한다. 성도는 종말이 지연되어도 나태하게 신앙생활 하거나 희망을 포기해서는 안 된다. 어려울수록 신앙생활을 견고히 해야 한다. 왜냐하면 신랑은 예기치 않은 밤중에 오기 때문이다. 유대인들의 혼례식은 초저녁에 시작되어 신랑이 도착할 시간은 한밤중이 된다. 그것은 종말의 때가 정점에 이르렀음과 예고 없이 예상치 못한 시점에 이루어질 것임을 비유한다. 예기치 않은 때에 신랑이 온다. '보라 신랑이로다. 맞으러 나오라.' 이때는 슬기로운 자나 미련한 자 모두 일어나야 한다. 드디어 예수님의 재림(paruosia)이 실현되었다. 이로써 인내와 대망의 기간이 끝이 나고 영원한 심판과 상벌의 때가 시작된 것이다. 이 사실은 알곡과 가라지 비유(마 13:24-30)에서도 확정되었다. 그런데 문제는 미련한 처녀들의 등불에 기름이 다 떨어져 간다는 사실이다. 이 사실은 그들의 내면의 상태, 곧 영적 생명력의 고갈, 은혜의 결여, 새 힘을 주시는 성령과의 관계 단절을 암시한다. 성도는 심판의 때에 그리스도 앞에 내어놓을 은혜와 신앙의 기쁨을 준비해야 한다.

4. 닫혀진 혼인잔치의 문(마 25:9~13)

　　미련한 다섯 처녀들은 절박한 심정으로 기름을 나누어달라고 간청하지만 구할 수 없다. 왜냐하면 꾸어주면 모두가 부족할 것이기 때문이다(9절). 하나님의 구원과 은혜는 마치 값진 보화를 획득하기 위해 모든 희생을 감수하듯이 어떤 대가를 치러야 한다(13:44~46). 미련한 다섯 처녀들이 기름을 사러간 사이에 기름을 준비한 다섯 처녀들은 신랑과 함께 혼인잔치에 참예하게 되었다. 신랑이 오는 목적은 인내하며 기름을 준비한 자들과 함께 천국에 들어가는 것이다. 이때 돌이킬 수 없는 비극이 일어났다. 신랑과 함께 기름을 준비한 다섯 처녀들은 혼인잔치에 참예한 반면, 기름을 준비하지 못한 처녀들에게는 잔칫집의 문이 닫혔다. 이것은 더 이상의 기회가 주어지지 않는 돌이킬 수 없는 최후의 운명의 예고이며, 마지막 심판의 엄격성을 말한다. 남은 처녀들이 아무리 "주여, 주여, 우리에게 열어 주소서."라고 간청해도 문은 열리지 않고, 주인은 "내가 너희를 알지 못하노라." 하시며 엄정한 선언을 하신다. 종말의 때를 기다리는 사람은 항상 긴장하고 항상 예비되어 있어야 한다. 왜냐하면 신랑이 오는 그 날과 그 시간을 아무도 알지 못하기 때문이다. 그래서 항상 깨어있어야 한다. 자기 영혼과 생명의 문제를 심판의 운명적인 시간에야 비로소 돌아보는 어리석음을 행하지 말아야 한다.

용어, 지명 해설

· 그때에 : 마태복음에 총 90회 사용된 단어이다. 본문에서는 인자가 오는 때, 즉 종말적 심판의 때를 말한다.

· 처녀 : 일반적으로 이 용어는 처녀성을 보존하고 있는 젊은 여자를 말하는데, 본문에서는 결혼잔치에 초대된 신부의 들러리(bridesmaid)를 가리킨다.

· 미련한 : 우둔한, 얼빠진 등의 의미인데 어리석은 처녀들의 행태를 가리킨다.

· 슬기로운 : 지혜롭고 준비성과 분별력이 있어서 자신의 행동을 스스로 조절해 갈 수 있는, 매사에 신실한 것을 말한다.

관심갖기

천황이 높으냐, 예수가 높으냐?

아래의 글을 읽고 질문에 답해 봅시다.

(사진 자료)

철원교회 목사 박봉진은 1943년 5월 27일 형사들에게 연행되어 유치장에서 조사를 받았다. 형사들은 박 목사에게 "천황이 높으냐, 예수가 높으냐?" 하고 물으면서 가혹한 고문을 했다. 박 목사는 "천황은 사람이요, 예수님은 하나님이시다. 어떻게 천황이 하나님보다 높다고 할 수 있겠느냐."라고 답변하기를 반복하였다. 그는 신사참배를 거절한 이유로 "하나님 외에 참 신이 없으며 육은 죽여도 영혼은 죽이지 못하는 당신들이 나는 전혀 두렵지 않다."라고 밝혔다. 결국 일제에 굴복하지 않고 고문을 당하다 온 몸이 만신창이가 된 채로 1943년 8월 10일에 의식을 잃자 일본 경찰은 사모 신인숙을 불러 도립병원에 입원하게 하고 격리보호 하였다. 정신을 차린 박 목사는 사모에게 "나는 지옥에 있다가 지금은 천당에 왔다."라고 말했다. 박 목사는 성결교회 부흥성가 167장, '저 좋은 낙원 이르니 그 쾌락 내 쾌락일세'라는 내용의 찬미를 좋아했고, 마태복음 25장과 요한복음 14장을 들어 '말세의 일과 현재의 고난과 장차 나타날 영광을 족히 비교할 수 없다'고 설명하곤 했다. 자신을 찾아 온 신자들에게 "주의 고난에 참여하게 된 것을 하나님께 영광 돌린다."라고 말했다. 결국 광복을 2년 앞둔 1943년 8월 15일, "나는 지금 천국에 간다."는 말을 남기고 순교하여 한국교회에서 신사참배 문제로 순교한 최초의 목회자가 되었다.

– 기독교대한성결교회 100주년 기념사업위원회, 『성결교회신학』
(서울: 기독교대한성결교회출판부, 2007), 826쪽에서

1. 박봉진 목사님에 대한 글을 읽고 당신은 어떤 생각을 하였습니까?

참 기독교인이신 박봉진 목사님, 목숨보다 하나님을 사랑한 목회자, 천국의 소망으로 사신 목사님

박봉진 목사님은 성결교회의 재림신앙의 한 표상이시며 순교자이시다. 목사님은 일제의 강압에도 굴복하지 않고 예수님이 천황보다 높으시고, 하나님 외에 참 신이 없고, 항상 죽음 이후에 가게 될 천국을 소망하며 사신 분이시다. 더구나 기독교 신앙을 이유로 고난을 당하는 것을 주의 고난에 참여하는 것으로 알고 기뻐하신 분이다. 우리는 이런 신앙의 본을 따라 세상의 권세를 두려워할 것이 아니고(마 10:28), 다시 오셔서 우리 영혼들을 심판하실 그리스도의 재림을 대망하는 신앙을 가져야 하겠다.

박봉진 목사
(사진 자료)

2. 예수님의 재림의 때를 기다리며 무엇을 준비하며 살아야 한다고 생각하십니까?

각자의 이야기를 들어본다. 주의 명령을 지켜야 한다. 말씀을 전하며 살아야 한다. 인내함으로 살아야 한다.

첫째로 주의 명령을 지켜야 한다(마 24:10-15).

둘째로 자다가도 깨어야 한다. '또한 너희가 이 시기를 알거니와 자다가 깰 때가 벌써 되었으니 이는 이제 우리의 구원이 처음 믿을 때보다 가까웠음이라(롬 13:11).' 자다가 깰 때인 이 시기에 성도들이 가져야 할 신앙의 자세는 '오직 예수 그리스도로 옷 입어야' 하는 것이다.

셋째로 끝까지 인내해야 한다. '그러므로 형제들아, 주께서 강림하시기까지 길이 참으라. 보라 농부가 땅에서 나는 귀한 열매를 바라고 길이 참아 이른 비와 늦은 비를 기다리나니 너희도 길이 참고 마음을 굳건하게 하라. 주의 강림이 가까우니라(약 5:7-8).'

넷째로 말씀을 전파해야 한다. 주의 종들을 비롯한 모든 전도자들은 '때를 얻든지 못 얻든지 항상 힘쓰는 자세'로 하나님의 말씀을 전해야 한다.

다섯째로 열심히 모여야 한다. '모이기를 폐하는 어떤 사람들의 습관과 같이 하지 말고 오직 권하여 그 날이 가까움을 볼수록 더욱 그리하자(히 10:25).' 주의 날이 가까움을 볼수록 믿음의 성도들은 서로 돌아보며 사랑과 선행을 격려하는 일에 더욱 열심을 내야 한다. 왜냐하면, 주의 날이 가까울수록 모이기를 폐하는 사람들이 많을 것이기 때문이다.

여섯째로 기도해야 한다. '만물의 마지막이 가까이 왔으니 그러므로 너희는 정신을 차리고 근신하여 기도하라(벧전 4:7).' 종말의 징조들이 나타날수록 우리의 올바른 신앙적 자세는 정신을 차리고 근신하여 기도하는 것이다. 왜냐하면 기도는 나의 힘이 아닌, 하나님의 힘으로 살아가겠다고 고백하는 것이기 때문이다. 그러므로 성도들의 기도는 쉬지 않고 이어져야 할 것(살전 5:17)이다.

일곱째로 상급을 바라보아야 한다. '보라. 내가 속히 오리니 내가 줄 상이 내게 있어 각 사람에게 그가 행한 대로 갚아 주리라(계 22:12).', '이것들을 증언하신 이가 이르시되 내가 진실로 속히 오리라 하시거늘 아멘 주 예수여, 오시옵소서(계 22:20).'

배울말씀인 마태복음 25장 1-13절을 읽고 주어진 질문에 답해 봅시다.

1. 본문에서 '그때'는 어떤 때를 말할까요? (마 25:1)

재림의 때

열 처녀의 비유는 천국 비유로서 종말론적인 비유이다. 본문에서 그때란 인자가 종말적 심판을 위하여 오시는 재림의 때를 말한다. 재림의 날에는 신랑을 맞이하는 기쁨이 가득한 상태인 것을 말해준다. 특히 열 처녀의 비유는 이스라엘 결혼 풍습을 비유로 한 말씀이다. 이스라엘의 결혼은 밤에 시작하여 한밤중에 신랑이 신부를 데리러 온다. 이때 신부의 친구들, 신부 들러리들이 등을 들고 신랑을 맞으러 나간다. 이런 모습은 성도들이 신랑이신 주의 재림을 대망하는 것을 비유한다. 주의 재림은 성도들에게는 희망의 날이다. 세상의 모든 수고를 끝내고 영원한 즐거움으로 들어가는 날이다. 반드시 주의 재림의 때를 기다리는 성도들에게 종말의 때, 곧 심판의 날이요, 동시에 구원의 날이 찾아오므로 기쁨의 날이다.

2. 본문에서 슬기로운 처녀들과 미련한 처녀들이 대조되는데, 이들의 공통점과 차이점들을 주어진 표에 적어봅시다. (마 25:2-4)

	슬기로운 처녀들	미련한 처녀들
공통점	1. 모두 신랑을 기다리고 있었다. 2. 등과 기름을 준비하고 있었다. 3. 기다리다가 함께 졸고 말았다.	
차이점	등불의 기름을 충분히 가지고 있었다.	등불의 기름이 충분하지 못했다.

(차트 자료)

신부의 들러리인 10명의 처녀들은 모두 동일한 상황이었지만 신랑을 맞이하는 방법이 달랐다. 일단 그들은 공통점이 있었다. 모두 같은 목적을 가지고 등과 기름을 준비하고 있었고, 똑같이 신랑을 기다리다가 늦어지므로 지쳐서 졸다 자고 말았다. 그런데 무엇이 달랐던 것일까? 그 차이점은 신랑이 왔을 때 명확하게 드러났다. 슬기로운 다섯 처녀들은 신랑이 늦게 올 것을 대비하여 신랑을 맞이할 등과 충분한 기름을 준비했는데, 미련한 다섯 처녀들은 기름을 충분하게 준비하지 못했다. 슬기로운 처녀들은 외적인 신앙생활과 내적인 신앙생활이 일치되는 사람들이고, 미련한 처녀들은 외면적인 신앙생활은 있으나 분명한 신앙체험과 생활이 이루어지지 못한 외형적 신자에 불과한 것이라고 할 수 있다.

3. 신랑이 더디 오므로 열 처녀들은 졸다가 자고 마는데, 이것은 무엇을 의미 한다고 생각하십니까? (마 25:5)

주의 재림을 기다리다가 지쳐서 세상의 안일에 빠진 성도의 신앙상태를 말한다.

본문에서 신부의 친구들은 저녁 무렵부터 등을 들고 나가 신랑을 기다렸는데 예상치 않게 신랑이 늦어졌다. 그래서 모두 졸다가 깜박 잠이 들게 되었다는 것이다. 그런데 바로 그때에 밖에서 소리가 들렸다. "보라! 신랑이로다." 사람들은 잠에서 깨어 모두 일어났고 열 처녀들은 신랑을 맞이할 준비를 하였다. 이것은 교회가 종말의 지연으로 인해 어려움에 직면한 상태를 말해 준다. 성도는 종말이 지연되어도 나태함이나 자포자기의 상태로 빠져서는 안 된다. 왜냐하면 예기치 않은 때에 신랑이 도착할 수 있기 때문이다. 우리는 종종 조용하고 평안할 때는 은혜가 넘치는 것처럼 말하다가, 어려움이 찾아오면 불평하고 원망하며 낙심하다 세상에 기울어질 때가 있다. 그러나 위기 앞에서 내 삶을 주관하시고 인도하시는 하나님을 신뢰하는 믿음을 가져야 주님을 기쁘게 맞이할 수 있다. 본문에서도 신랑이 올 것을 예비한 자만이 혼인잔치에 참여할 수 있었다. 오랫동안 인내하면서 기름을 충분히 준비한 자만이 신랑이신 예수님을 맞이하여 천국에 들어갈 수 있다. 따라서 우리 성도들은 신랑을 맞이한 다섯 처녀들처럼 항상 깨어 있어야 한다.

4. 미련한 처녀들이 충분하게 준비하지 못한 '기름'이 의미하는 것은 무엇일까요?

준비해야 할 기름이란 신앙생활의 원초적인 힘이 되는 성령이라고 할 수 있다. 그것은 내면적인 신앙의 측면으로서 하나님과의 신령한 교제, 거룩함, 경건한 생활, 성령의 충만을 말한다.

참 신앙인이라면 예배에 출석하는 것으로 만족해서는 안 된다. 말씀을 들을 때 그것을 나에게 주시는 계시의 말씀으로 받아들여야 하고, 찬송을 부를 때 내 심령 깊숙한 곳에서 솟아나는 영광의 찬양이 되어 심령의 기쁨이 넘쳐나야 한다. 봉사할 때는 나의 만족만을 위한 것이 아니라 하나님을 기쁘시게 하는 것이어야 한다.
열 처녀들이 가지고 있던 등은 신앙의 외면적 형식을 말한다. 그것은 신자들의 기본적인 종교생활이다. 그들은 성경을 공부하고, 예배에 참석하고, 십일조 헌금생활도 한다. 더 열심을 가진 성도는 주일예배뿐 아니라 수요기도회, 목회기도회, 그리고 새벽기도에도 빠지지 않는다. 더 나아가서 봉사활동에도 적극적이다. 그러나 생명력 있고 깨어 있는 신앙인이 되려면 그 이상이 있어야 한다. 그것이 바로 등에 있어야 할 기름이다. 만일 등만 있고 기름이 없으면 아무것도 아니다. 결국 신앙의 승패는 기름에 달려 있다. 여기서 기름은 성령이다. 성령이 아니면 우리는 예수를 알 수 없다. 성령이 아니면 우리는 무시로 기도할 수 없다. 성령이 아니면 우리의 살아있는 예배를 드릴 수 없다. 성령이 아니면 죄에 대해서, 의에 대해서, 심판에 대해서 알 수 없다. 물론 우리는 성령 없이도 신앙생활을 잘 할 수 있다. 바리새인들은 성령이 없이도 철저히 율법을 지켰고, 박하와 회향과 근채의 십일조를 꼬박꼬박 드렸으며, 일주일에 두 번씩 금식도 하였다. 입술로는 하나님을 경외한다고 하였다. 그러나 성령의 기름이 없기 때문에 모든 것이 종교생활에 머물렀다. 이런 형식적인 생활로는 죄악된 세상을 이길 수 없고, 예수님의 재림을 온전히 맞이할 수 없는 것이다.

5. 미련한 처녀들은 신랑이 찾아왔을 때 어떤 상황에 처하게 되나요?
   (마 25:8-13)

기름을 준비한 다른 처녀들에게 기름을 구걸해 보지만 얻지를 못해 혼인잔치에 들어가지 못했다. 혼인잔치에 참여하게 해 달라고 요청했지만 거절당했다.

기름을 준비하지 못한 미련한 처녀들은 신랑을 맞을 수가 없었다. 다급한 나머지 슬기로운 다섯 처녀에게 기름을 좀 나눠 달라고 간청하였지만 신랑을 맞이하는 데 필요한 기름은 나눌 수가 없었다. 나누어 쓰기엔 부족하기 때문이다. 냉정하게 거절을 당한 미련한 다섯 처녀는 할 수 없이 그때서야 부랴부랴 기름을 사러 나갔다. 그러나 그 사이에 신랑이 와서 슬기로운 다섯 처녀들과 함께 잔치에 들어갔고 문은 굳게 닫혔다. 그 후에 와서 문을 두드리며 간청했지만 더 이상 문은 열리지 않았다. 주님은 그들을 모른다고 하셨다. 천국은 기름을 준비한 자가 들어간다. 성경은 이렇게 천국에 들어갈 기회에 대해 말씀한다. '보라! 지금은 은혜 받을 만한 때요, 보라! 지금은 구원의 날이로다(고후 6:2).' 지금은 기름을 살 수도 있고 지금은 하나님의 구원에 동참할 수 있고, 지금은 주님을 의지할 수 있다. 그러나 내일은 우리의 시간이 아닐 수도 있다는 것을 기억해야 한다. 그러므로 이런 비유를 주신 것은 슬기로운 처녀들처럼 종말의 때를 준비하도록 깨어 있으라는 것이다. 예수님은 본문의 결론으로 이렇게 말씀하셨다. '그런즉 깨어 있으라. 너희는 그 날과 그 때를 알지 못하느니라'(13). 이 열 처녀의 비유는 재림을 기다리는 신자들의 깨어있는 삶의 자세를 교훈한다.

다음 글을 읽고 주어진 질문에 답해 봅시다.

(사진 자료)

우리나라에는 수많은 순교자가 있지만 여성순교자는 손에 꼽을 정도로 적습니다. 문준경(文俊卿 1891~1950) 전도사는 여성순교자입니다. 그녀가 고향인 전남 신안군의 섬들에 설립한 증동리교회, 진리교회, 대초리교회 등 10여개의 교회들은 오늘날 기독교를 대표하는 수많은 목회자들(김준곤, 이만신, 정태기, 이만성, 이봉성 목사님 등 30여명)을 배출한 믿음의 산실입니다.

전남 신안군 암태면 수곡리의 작은 섬에서 출생한 문준경 전도사는 어려서부터 총명하고 부지런해 주위의 칭찬과 기대를 한 몸에 받았습니다. 서당에서 글공부를 하고 싶어 했으나 부친의 반대로 그러지 못했고 17세의 나이에 신랑의 얼굴도 제대로 보지 못한 채 결혼을 했지만 서로 마음이 맞지 않아 두 사람 모두에게 고통일 뿐이었습니다. 외지를 도는 남편은 아내를 돌보지 않은 채 소실을 두고 자녀까지 낳아 살았습니다. 그녀는 자신을 '남편 있는 생과부'라고 신세한탄하며 지냈습니다. 지극한 효성으로 섬기던 시아버지가 돌아가시고 시어머니는 큰 시숙과 생활하게 되었습니다. 그녀는 갈 곳이 없어 목포로 건너가 단칸방에서 삯바느질을 하며 외롭고 고달픈 나날을 보냈습니다.

어느 날 그녀는 예수를 믿으면 삶에 기쁨과 감사가 넘친다는 이야기를 듣고 성결교 부흥사인 이성봉 목사(당시 전도사)가 초가집 한 간을 얻어 막 개척을 시작한 북교동성결교회를 찾았습니다. 이성봉 목사의 설교는 실의에 빠져 있던 그녀의 마음에 새로운 삶에 대한 기대와 기쁨을 채워 주었습니다. 학습과 세례를 받은 후 그녀는 개인전도와 축호전도에 열성을 보이는 성도가 되었습니다.

집사직분을 받고는 하나님께 죽을 때까지 복음을 전하겠다고 다짐했습니다. 그리고 서울에 있는 경성성서학원(서울신대 전신)에서 공부했습니다. 그녀의 전도열정은 남달라 방학마다 고향으로 내려가 1933년에 진리교회, 1935년에 증동리교회, 1936년에 대초리교회를 건립했고 방축리에는 기도소를 지었습니다. 아무것도 가진 것이 없는 상태에서 오직 믿음만으로 교회를 세운 그녀에게 수많은 어려움과 고초가 쉬지 않고 따랐지만, 기도는 언제나 그녀에게 승리를 안겨 주었습니다.

졸업 후 그녀는 증도로 돌아와 나룻배를 타고 이 섬 저 섬 무교회 지역을 돌며 교회를 개척하고 복음을 전했습니다. 그녀는 주민들이 부탁하면 짐꾼 노릇, 우체부노릇을 마다하지 않았고 섬 주위 돌짝밭 길을 다녀 1년이면 아홉 켤레나 고무신을 바꿔 신어야 했다고 합니다. 그녀는 열정적인 기도로 정신병자, 중풍병자를 고쳐내 '섬 여의사'란 말을 들을 정도였습니다.

1943년 일제의 탄압으로 성결교회가 강제 해산되었고 그 여파가 문전도사가 개척한 증도교회에까지 미쳤습니다. 신사참배를 거부했다며 목포경찰서로 불려가 고문을 당했지만 그 때마다 찬송가 '환란과 핍박 중에도 성도는 신앙 지켰네'를 부르며 '죽으면 죽으리라'는 말을 수없이 되풀이 했습니다. 그녀는 아무리 회유와 협박이 이어져도 굴욕적인 신사참배를 하지 않았습니다. 해방이 된 후에는 공산당을 따르는 좌익계의 활동이 이 작은 섬까지 뻗쳤습니다. 특히 6·25 후 지역 전체가 인민군의 손길에 넘어가자 교회를 못마땅하게 여겼던 자들이 문 전도사와 성도들을 몹시 핍박했습니다. 1950년 10월 4일, 국군이 증동리섬까지 들어올 것이란 소식이 전해지자 악의에 찬 공산당원들은 교인과 양민들을 바닷가 모래사장으로 끌어내고는 한 사람씩 단도로 내려쳐 죽였습니다. 그들은 "새끼를 많이 깐 씨암탉이구만." 하며 그녀를 몽둥이로 내려쳤습니다. 그녀는 "아버지여, 내 영혼을 받으소서."라는 마지막 말을 남겼고 이어진 총탄에 맞아 순교했습니다. 그녀의 나이 59세였습니다.

1. 나는 재림을 기다리는 신앙생활을 하고 있습니까? 문준경 전도사님의 생애를 통해서 본 재림을 대망하는 신앙이란 어떤 것인지 이야기 나누어 봅시다.

하나님의 나라에 소망을 두고 살아야 한다. 자신에게 맡겨진 소명에 최선을 다해야 한다. 남을 위해 헌신하는 삶을 살아야 한다.

문전도사의 헌신과 사역은 한 톨의 밀알이 되어 30배, 60배, 100배의 열매를 거두었다. 그녀가 흘린 피는 영원히 시들지 않는 꽃으로 우리 곁에 남아 있다. 한 알의 밀알이 떨어져 죽어 얼마나 많은 열매를 맺을 수 있는가를 우리는 문 전도사님을 통해 확인하게 된다. 문 전도사님이 보여준 그런 복음에 대한 열정과 희생, 그리고 진리를 향한 변치 않는 신앙이 세상을 하나님 나라로 바꾸어 왔고 또 바꾸어 갈 것이다. '내가 진실로 진실로 너희에게 이르노니 한 알의 밀이 땅에 떨어져 죽지 아니하면 한 알 그대로 있고, 죽으면 많은 열매를 맺느니라(요 12:24).'

함께읽기

한국성결교회는 재림사상 때문에 일본정부의 박해를 받은 대표적 교단이다. 일본은 개신교의 재림사상이 일본의 국체명징과 대립된다는 것을 알았다. 당시의 목회자들은 예수의 재림이 임박했으며 최후의 승리는 그리스도에게 있고 신자는 마지막 순간까지 가시밭의 백합화처럼 순결하게 살아야 한다고 외쳤다. 금화교회 신자인 한정우와 박윤상은 "독일이 아무리 강하고 일본이 아무리 강하다고 할지라도 전쟁의 마지막 승리자는 이 같은 강함에 있는 것이 아니라 결국 그리스도에게 있다."라고 외치며 일본의 천황이라 할지라도 하나님의 아들 예수 그리스도를 숭경 존모하지 않으면 심판을 받는다고 하여 일본경찰에 붙잡혀 취조를 당하기도 했다. 이 외에도 많은 목회자와 평신도들이 일제의 멸망과 그리스도의 재림을 외쳤다.

－『한국성결교회 100년사』, 396-398쪽에서 －

2. 하나님의 심판대 앞에서 서야 할 기독교인은 어떤 태도로 어떻게 살아야 할까
   요? 아래의 성경구절과 삶의 태도를 줄로 이어 봅시다.

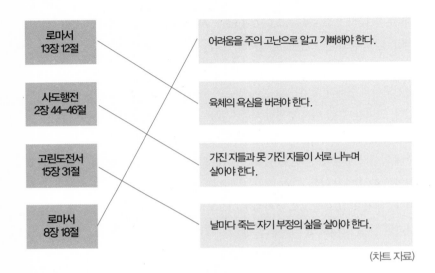

(차트 자료)

① 주의 재림을 맞이하는 성도는 육체의 욕심을 버려야 한다.
'밤이 깊고 낮이 가까웠으니 그러므로 우리가 어둠의 일을 벗고 빛의 갑옷을 입자
(롬 13:12).' 주의 재림은 생각보다 지연될 것이다. 따라서 많은 사람들은 주의 재림
을 부인하고 잊고 살게 될 것이다. 이런 사람들은 대부분 재림의 때를 준비하지 않
고 세상 정욕을 따라 마음대로 살며 수많은 시간과 재력을 헛된 일에 낭비하게 될
것이다. 그러나 지혜로운 성도들은 주의 재림을 확신하고 그때를 대비해서 철저
히 말씀을 따라 삼가는 생활을 해야 한다.

② 재림을 기다리는 교회는 가진 자들과 못 가진 자들이 서로 나누며 살아야 한다.
'날마다 마음을 같이하여 성전에 모이기를 힘쓰고 집에서 떡을 떼며 기쁨과 순전
한 마음으로 음식을 먹고 하나님을 찬미하며 또 온 백성에게 칭송을 받으니 주께
서 구원 받는 사람을 날마다 더하게 하시니라(행 2:44-46).'

오늘의 한국교회는 지나치게 물질에 관심을 두는 경향이 있다. 예수님과 초대교회는 이 세상의 모든 것들을 필요한 자들에게 나누어 주기 시작했다. 어느 것 하나 내 것으로 남기지 않았다.

③ 재림을 기다리는 성도는 날마다 죽는 자기부정의 사람이다.
'형제들아 내가 그리스도 예수 우리 주 안에서 가진 바 너희에 대한 나의 자랑을 두고 단언하노니 나는 날마다 죽노라(고전 15:31).'
성도는 그리스도가 십자가에서 죽고 부활하셔서 죄를 도말하시고 주신 행복을 이 세상에서 누리며 살아간다. 부활에 대한 확신이 있으면 우리는 자기의 종말을 두려워하지 않고 하나님의 뜻을 따를 수 있다. 그리고 '신령한 몸'으로 부활하여 영원한 생명을 얻게 될 것이다. 이러한 실존적 상황 속에서 보면 지금 매순간은 종말이다. 매순간의 종말과 함께 질적으로 다른 현재가 나타난다. 그래서 사도 바울은 "나는 날마다 죽노라(고전 15:31)."라고 고백했다. 그는 과거의 순간과 단절하여 새로운 현재를 살았다. 예수 그리스도가 주인 된 삶을 사는 성도만이 오는 세상에서도 천국을 사는 것이다. 그러므로 기독교인은 날마다 자기를 죽이고 새로운 존재로 사는 사람이다. 지금 여기에서 천국을 누리며 살고 지금 여기에서 창조의 형상을 회복하여 영광스러운 존재, 행복한 존재, 역사의 창조가로 이 세상을 변화시키는 능력있는 존재가 된다.

④ 재림을 대망하는 성도는 어려움을 주의 고난으로 알고 기뻐해야 한다.
'생각하건대 현재의 고난은 장차 우리에게 나타날 영광과 비교할 수 없도다(롬 8:18).'
최후심판의 날은 성도에게 영광의 날이다. 최후심판이 악인들에게는 무서운 공포의 날이지만, 성도들에게는 자신들의 억울함과 고통을 신원 받는 날이다. "하늘과 성도들과 사도들과 선지자들아, 그를 인하여 즐거워하라. 하나님이 너희를 신원하시는 심판을 그에게 하셨음이라 하더라(계 18:20)." 그러므로 성도들은 그 심판 날을 바라보면서 이 땅에서 받는 고난 속에서도 위로와 격려를 받는다.

평신도 양육교재

응답하기

죽음 앞에서

1. 다음의 글에서 이야기하고 있는 별세란 무엇인가요? 자신의 생각을 이야기해 봅시다.

> 별세(別世)는 이 세상을 떠나는 죽음을 뜻한다. 그러므로 별세는 사람이 죽은 후에 가는 다른 세상을 말한다. 별세는 모든 종교가 추구하는 세계라 할 수 있다. 모든 종교가 별세를 추구하고 있으면서도 사실은 별세를 싫어한다. 그것은 인간의 모든 고통과 불행, 허무의 극복을 별세 후로 약속하고 있기 때문이다. 일반적으로 기독교인은 죽은 후에 천국으로 갈 것을 확신하고 사모한다. 그리고 '그곳에는 눈물이 없고, 슬픔이 없으며, 즐거움만 있다.'고 찬송을 부르면서 위로를 얻는다. 그러나 기독교는 죽은 후의 별세를 추구하는 것보다 현세에서부터 별세를 사는 것을 강조하고 있다. 그러므로 현세에서 별세를 체험하는 것은 중요한 일이다. 예수 그리스도가 우리에게 약속하신 천국은 죽은 후에 가는 영혼의 천국만이 아니요, 지금 현세에서부터 그리스도 안에서 누리는 새로운 세계인 것이다. 그러므로 죽은 후의 천국은 약속이요 현세에서 천국을 누리며 사는 것이 하나님의 뜻이다. 이 뜻을 이루는 것이 별세를 사는 것이다.
>
> 이중표 목사의 별세목회 홈페이지에서

단지 죽어서 별세가 아니라, 이 세상에서 하나님의 나라를 소망하며 하나님을 뜻을 지켜가며 별다른 세상을 살아가고 체험하는 것

종말의 때를 기다리는 신자들은 다양한 모습으로 나타난다. 바울은 디모데후서 3장 5절에서 '경건의 모양은 있으나 경건의 능력은 부인하니 이 같은 자들에게서 네가 돌아서라'고 권면하였다. 종말의 때에 가까울수록 경건한 척하지만 실제로는

경건하지 않은 교인들이 있다는 것이다. 신앙생활을 잘하는 것 같으나 사실은 믿음이 없다는 말이다. 내용은 없고 형식만 남아 있는 명목상의 신자, 무늬만 신자들을 지적한 것이다. 이들은 자신도 모르는 사이에 믿음을 잃어버리고 가짜가 된 것이다. 주님은 이런 신자들을 외면하실 것이다. 깨어 있다는 것은 잠을 자지 않고 밤을 새우는 것이 아니라, 때를 따라 해야 할 일들을 성실하게 하면서 사는 것이다. 지혜 있고 진실한 청지기가 되어 때를 따라 양식을 나누어주는 실천이 필요하다(눅 12:42).

2. 재림을 기다리는 기독교인은 실제생활에서 어떻게 살아야 할까요? 데살로니가전서 5장 23절을 적고 그 의미를 나누어 봅시다.

> 〈살전 5:23〉
> 평강의 하나님이 친히 너희를 온전히 거룩하게 하시고
> 또 너희의 온 영과 혼과 몸이 우리 주 예수 그리스도께서 강림하실 때에
> 흠 없게 보전되기를 원하노라

하나님을 의지하여 성령의 도우심으로 산다. 거룩한 마음으로 생각과 말과 행동에 있어서 순전한 기독교인으로서 살아간다. 그 모습으로 하나님의 나라에 들어갈 때까지, 혹은 그리스도의 재림을 기다리면서 살아간다.

그리스도의 재림은 흠 없고 티 없이 성결한 생활을 할 수 있는 윤리적 동인이 된다. 재림에 대한 비유들은 '일상생활에서 윤리적인 성품과 윤리적인 생활'이 재림을 준비하는 최상의 방책임을 설명하고 있다. 재림의 복음은 오늘날 사회에서 낙오된 사람들을 돌보고 구제하는 적극적이고 구체적인 정의구현의 활동으로 나타나야 한다. 교회 공동체와 성도는 도덕적 능력으로 현존하시는 성령의 역사를 따라 세상을 변혁시킴으로 하나님 나라를 앞당겨 살아가야 한다.

3. 3분 정도 눈을 감고 나의 마지막 순간을 상상해 봅시다. 나의 가족에게 남기고 싶은, 그리고 남겨야 할 이야기들을 유언장처럼 적어 보고 이야기 나누어 봅시다.

유언장

남편(아내)에게
여보 더 사랑하지 못해서 미안해요. 표현은 못했지만 참 고마웠어요.
더 행복해야만 해요.

부모님에게
낳아주시고, 길러주시고, 사랑해 주셔서 감사해요.
더 잘 섬기지 못한게 너무 죄송할 뿐이에요.

자녀들에게
사랑한다. 사랑한다. 니 엄마를 부탁한다.

교우들에게
같이 있어서 행복했습니다. 하나님의 은혜와 사랑이 넘치는 교회를 세워주세요.

친구들에게
덕분에 내 삶이 더욱 유쾌할 수 있었어.
꼭 예수님 믿어야 한다.

(그림 자료)

죽음을 생각해 보고 마지막을 생각해 보는 것은 삶에 대한 진지한 자세를 일깨워 주는 방법이라고 할 수 있다. 호스피스 운동을 위해 평생을 바친 엘리자베스 퀴블러 로스는 죽음을 '인생수업'이라고 말했다. 구체적으로 유언장을 작성해 보도록 하자. 형식적인 말보다 지극히 개인적이고 구체적인 이야기를 적을 수 있도록 분위기를 만들어 준다. 함께 유언장을 나누는 시간을 갖는 것도 의미 있다. 주님의 재림을 기대하며, 하나님의 나라를 소망하며, 항상 마지막 순간을 준비하며 살 수 있게 해 달라고 기도함으로 마친다.

이러므로 너희도 준비하고 있으라 생각하지 않은 때에 인자가 오리라
(마 24:44-45)

결단의 기도 ·······

다시 오실 것을 약속하신 신랑 되신 예수님! 기름을 준비한 다섯 처녀들처럼 주와 함께 하늘의 혼인잔치에 초대되어 영원한 기쁨을 맛보도록 재림을 대망하게 하시니 감사드립니다. 이 땅에서의 인내와 수고를 모두 끝내고 기쁨으로 주를 맞이할 재림의 약속을 붙잡고 살게 하시니 감사드립니다. 항상 깨어 있으라고 말씀하시며 형식적인 신앙을 버리고 성령의 충만을 통해 온전한 신앙을 갖게 하시니 감사드립니다. 오늘도 천국의 소망을 가지고 하루하루 거룩하게 살며 선한 일에 열심을 다하여 살도록 힘을 주시옵소서. 예수님의 이름으로 기도합니다. 아멘.

평신도 양육교재
평가하기

평가항목	세부사항	그렇다	그저 그렇다	아니다
인도자의 준비도	인도자는 본 과의 교육목적을 이룰 수 있도록 충분하게 준비했습니까?			
교육목표의 성취도	1. 학습자가 재림이 있음을 분명히 깨달았습니까? 2. 학습자가 주님의 재림을 기다리는 마음으로 이 땅에서 기독교인다운 삶을 살기로 결단하였습니까?			
학습자의 참여도	학습자들이 진지하고 적극적인 태도로 성경공부에 임했습니까?			
성경공부의 분위기	성경공부를 진행하는 동안 분위기가 자연스럽고 편안했습니까?			
기타 보완할 점	기타 보완할 점이나 건의사항이 있습니까?			